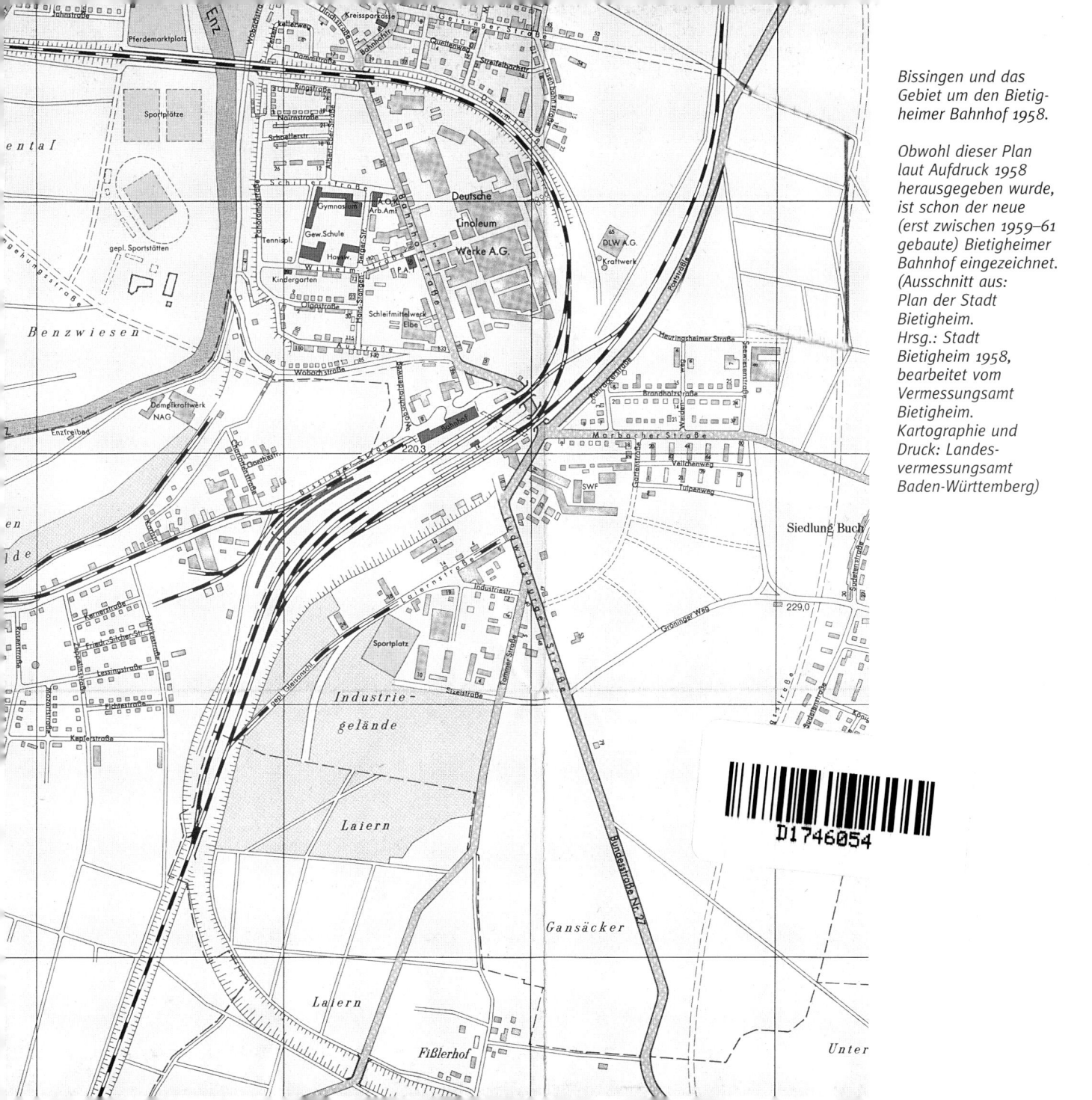

Bissingen und das Gebiet um den Bietigheimer Bahnhof 1958.

Obwohl dieser Plan laut Aufdruck 1958 herausgegeben wurde, ist schon der neue (erst zwischen 1959–61 gebaute) Bietigheimer Bahnhof eingezeichnet. (Ausschnitt aus: Plan der Stadt Bietigheim. Hrsg.: Stadt Bietigheim 1958, bearbeitet vom Vermessungsamt Bietigheim. Kartographie und Druck: Landesvermessungsamt Baden-Württemberg)

BISSINGER GESCHICHTEN

Erlebtes und Erzähltes

gesammelt und
aufgeschrieben von
Rosemarie Gerst

Bissinger Geschichten

Erlebtes und Erzähltes

gesammelt und aufgeschrieben von
Rosemarie Gerst

Archiv der Stadt
Bietigheim-Bissingen
2007

Herausgegeben vom
Archiv der Stadt Bietigheim-Bissingen
© 2007 beim Herausgeber
Alle Rechte vorbehalten
Für den Inhalt zeichnet die Autorin verantwortlich
Redaktion: Stefan Benning und Sonja Eisele
ISBN 978-3-9801012-9-5

Inhaltsverzeichnis

Vorwort 7
Kinderparadies Schleifmühle 8
Ungeheuer in der Enz 10
S'Bädle im Wiesental 11
Das Enzbad beim Gänslesgarten 16
Das Gsälzbrödle und der Fisch 17
Würstchen baden 18
Gasthaus zum Güterbahnhof 21
Waldfest auf der Parzelle 22
Karl Jetter, ein bekannter Bissinger . . . 26
Das Äffchen 27
Der neue Badeanzug 28
Briefe von Ruth Meroth 29
Alltag im Krieg 33
Kindheit im Krieg 39
Stollen in der Brandhalde 43
Mein Vater war Schwerstarbeiter 44
Arbeitsdienst 45
Die Konfirmation 47
Briefträgerin 49
Fliegeralarm 51
Unterwegs bei Alarm 53
Carl Rommel 54
Paul Martin, der Franzose 56
Russenfrauen 57
Bomben auf die Firma Stockburger . . . 58
Verschüttet im Nachbarhaus 60
Luftmine 61
Brandbomben löschen 63
Von Granatsplittern verletzt 63
Tod der Mutter 65
Kriegstagebuch von Christian
    Schwemmer 67
Die weiße und die schwarze Sau 74
Mein Bruder Siegfried 75
Landjäger Bühl 77
Erinnerung an das Jahr 1945 77
Wer nicht abliefert wird erschossen . . 79
Hausdurchsuchung bei Familie Geiger . 80
Minenräumung 81
Überfall auf die Schleifmühle 83
Der Brief 86
Teuere Eier 86
Meine Großmutter Christina Katharine
    Zucker 88
Steine für ein ganzes Haus 89
Gefährliche Kinderspiele 91
Überraschende Begegnung mit
    Theodor Heuss 91
Schuhe von Fräulein Struck 93
In englischer Kriegsgefangenschaft . . . 93
Die Schlacht von Mundelsheim 95

Vorwort

Geschichte besteht aus Geschichten. Sie sind die Farben, die das historische Erinnerungsgemälde zum Leuchten bringen. Geben die „großen", im weitesten Sinne politischen Ereignisse und Strukturen die Zeichnung des Erinnerungsgemäldes vor, so sind es die persönlichen Erlebnisse, die individuellen Empfindungen und Wertungen, die seine Farbigkeit bestimmen. Insofern ähneln sich zwar die meisten Erinnerungsgemälde einer Generation, ihre Kolorierung ist jedoch deutlich nuanciert, ja bisweilen weicht auch die Zeichnung ab. Und Zeichnung und Farbigkeit gemeinsam ergeben erst das Gesamtbild.

Angeregt durch eine Ausstellung des Stadtmuseums Hornmoldhaus über das Schicksalsjahr 1945 im Jahre 2005, hat Rosemarie Gerst eigene persönliche Erinnerungen über kleine und große Ereignisse in Bissingen seit der Jahrhundertwende zu Papier gebracht und dafür nach und nach auch im Bekanntenkreis Interesse und Aufmerksamkeit gefunden. Kleine Anekdoten und Erinnerungen, Tagebuchaufzeichnungen und Briefe von ehemaligen Nachbarn und Freunden kamen bald dazu und ließen die Idee reifen, diese auch einem weiteren Kreis zugänglich zu machen.

Das Stadtarchiv übernimmt es gern, Rosemarie Gersts „Bissinger Geschichten" einer breiteren Öffentlichkeit in einer angemessenen Buchform zu präsentieren, gehören doch die Sicherung von Überlieferung (und dazu gehört auch die Dokumentation mündlicher Erlebnisberichte) und die Vermittlung historischen Wissens zu seinen wesentlichen Aufgaben. Sehr gelegen war uns daran, die einzelnen Geschichten und Erlebnisberichte durch entsprechendes Bildmaterial anzureichern, denn Orte und Personen werden lebendiger, wenn man eine optische Vorstellung mit ihnen verbindet. Viele der Orte, die in den Geschichten erwähnt werden, existieren heute zudem nicht mehr.

Dank gilt all den Bissingern, die nicht nur bereitwillig ihre bisweilen schmerzhaften persönlichen Erinnerungen mitgeteilt haben, sondern auch zustimmten, eine größere Öffentlichkeit an ihren ganz persönlichen Erlebnissen teilhaben zu lassen.

Ohne die Initiative, das Engagement, das Einfühlungsvermögen, die Geduld und bisweilen auch die Hartnäckigkeit Rosemarie Gersts allerdings wäre ein solches Buch nicht möglich gewesen. Ihr gebührt deshalb besonderer Dank. Wir freuen uns sehr, dass wir Rosemarie Gerst ihre „Bissinger Geschichten" anlässlich eines besonderen Geburtstages in dieser Form präsentieren können und verbinden dies mit unseren besten Wünschen für Glück, Gesundheit und Wohlergehen.

Bietigheim-Bissingen, im November 2007
Stefan Benning

Kinderparadies Schleifmühle

Lore Pfisterer (geb. Geiger), Jahrgang 1922

In der Bissinger Schleifmühle hatten die Kinder viele Freiheiten. Hier wuchsen die Geigerkinder auf: Lore, ihre ältere Schwester Erika und ihr großer Bruder Rolf und die jüngeren Zwillinge Hanne und Gerhard.

Aus Mutters Waschküche hatten sie heimlich Zinkwannen entwendet, die früher einmal zum Wäschewaschen benutzt worden waren, und fuhren damit als Piraten und Entdecker auf dem Geigersee herum.

Auch eine Speiswanne, die eine Gipserfirma vergessen hatte, war ihnen als Piratenschiff willkommen. Mit Backsteinen und Erde bastelten sie eine kleine Kochstelle, auf der sie auf Kuchenblechen vom Puppenherd Pfannkuchen backten, das war ihr Schiffszwieback.

Lore Pfisterer geborene Geiger im Frühjahr 1932. (Herkunft: Lore Pfisterer)

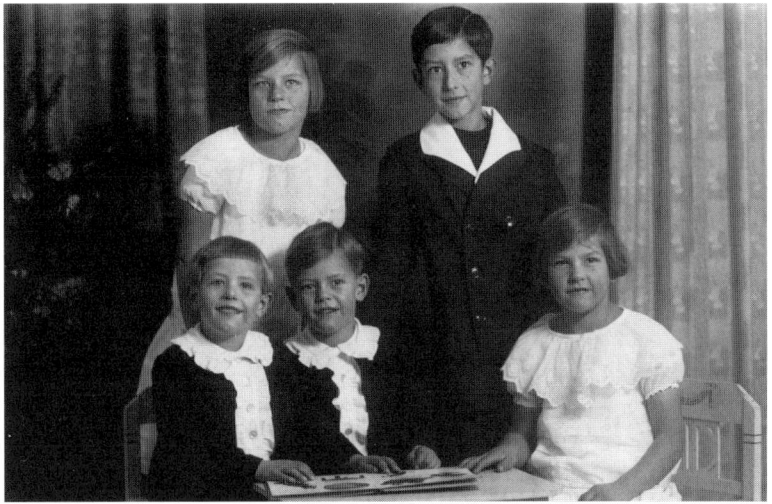

Geschwister Geiger: hinten Erika und Rolf, vorne links die Zwillinge Hanne und Gerhard, vorne rechts Lore. (Aufnahme ca. 1931, Herkunft: Lore Pfisterer)

Besonders in Erinnerung geblieben sind die Fehden, die die „Schleifmühler" gegen die „Bahnhöfler", wie die Bewohner der Parzelle Bahnhof oft genannt wurden, ausfochten. Rolf hatte mit viel Talent und Mühe etwas zusammenmontiert, das die Kinder ihre „Kanone" nannten. Sie bestand aus einem gefundenen Stück Lenkungs- oder Wasserleitungsrohr, in das sie selbstgemachtes Schwarzpulver füllten, hergestellt aus Salpeter, Holzkohle und Schwefelpulver aus der Apotheke. Kleine Steinchen und Papier wurden dazu hineingestopft. Schließlich kam noch ein Zündhütchen von einem Knallkorken, und als Auslöser diente eine Mausefalle an einer langen Schnur.

Als die Bahnhöfler mit Konrad Mack an der Spitze und mit viel Geschrei vom Bruchwald her den Hang herunter auf die Schleifmühle zu stürmten, entzündete Rolf seine „Kanone", die auch tatsächlich funktionierte. Funken speiend schleuderte sie die geladenen Steinchen in alle Richtungen. Die Bahnhöfler waren derart beeindruckt, dass sie umgehend den Rückzug antraten. Die Schleifmühlekinder hatten einen denkwürdigen Sieg errungen. Rolf aber konnte rasch sein Gesicht in den See tauchen, weil er selbst von seiner Kanone etwas abbekommen hatte, und dringend eine Abkühlung brauchte.

Lore Geiger mit Hund bei einer „Speiswannenfahrt" auf dem Geigersee im Frühjahr 1936. (Herkunft: Lore Pfisterer)

Das Wohnhaus der Schleifmühle mit Familie Geiger: Vater Gustav, Mutter Wilhelmine und die drei ältesten Kinder Rolf, Erika und Lore. (Aufnahme 1923, Herkunft: Gerhard Geiger).

Ungeheuer in der Enz
Erika Stegner (geb. Geiger), Jahrgang 1919

Als Zehnjährige hatte Erika die Aufnahmeprüfung für die Oberschule in Ludwigsburg bestanden und fuhr nun täglich mit dem Rad nach Tamm und von dort mit dem Zug nach Ludwigsburg. Wenn es bei der Radfahrt nach Tamm regnete, saß sie durchnässt in der Schule ohne jemals einen Schnupfen bekommen zu haben.

Für den Winter hatte ihre Mutter für die Kinder vom Fell der eigenen geschlachteten Hasen Handschuhe genäht, das Fell auf die Innenseite.

Sie sei gerne ins Bad beim Gänsegarten gegangen, erzählt Erika. Sie erinnert sich noch, dass, bevor es das Bad für die Allgemeinheit gab, an der gleichen Stelle ein Frauen- und ein Männerbad gewesen sei, getrennt durch eine Bretterwand. Die Astlöcher im Holz waren eine willkommene Gelegenheit für die männliche Jugend, ins Frauenbad zu spähen.

Manchmal ging Erika mit Freundinnen barfuß und im Badeanzug durch die Wiesen neben der Enz bis nach Untermberg. Von dort schwammen alle bis zur Insel in der meistens sehr klaren Enz.

Einmal war sie mit Hilde Kälble im Albvereinsbad gegenüber von der Insel. Dort war die Strömung etwas stärker und sie seien gegen den Strom geschwommen. Plötzlich hätte Hilde eine wilde Szene aufgeführt, laut gequiekt und sich immer wieder an den Körper gegriffen, bis sie schließlich rief: „Erika ich habe einen Fisch im Badeanzug". Mit vereinten Kräften konnten sie das „Ungeheuer" schließlich

Erika Stegner geborene Geiger.
(Herkunft: Lore Pfisterer)

wieder in die Enz werfen. Manchmal kam es auch vor, dass ein Blutegel an den Beinen hing, aber das war kein Grund, die Enz zu meiden.

Erika erinnert sich auch noch sehr gut an Herrn Carl Rommel, den Bissinger Mühlenbesitzer. Er hat Manchem in Bissingen Gutes getan. Als 1945 Heimatvertriebene in den Ort kamen, meistens Frauen und Kinder, hätte Herr C. Rommel für diese die Krankenversicherung bezahlt, damit sie bei Bedarf zum Arzt oder ins Krankenhaus gehen konnten. Herr C. Rommel hätte auch jeden Samstag den ärmeren Familien in Bissingen zwei große Brotlaibe zukommen lassen.

S'Bädle im Wiesental

Rosemarie Gerst

In den heißen Sommern gehörte auch für uns Parzellenkinder[1] das Badengehen zu den Lieblingsfreizeitbeschäftigungen. Wir haben in der Enz gebadet ohne großen Luxus.

Bei der Rommelmühle, oberhalb des Gänsegartens, war ein Familienbad angelegt, das sehr gerne besucht wurde, besonders von der Jugend.

Weiter unten Enz abwärts, gegenüber vom Insele, lag das Albvereinsbad, in das offiziell nur die Mitglieder dieses Vereins gehen durften, das aber auch andere Leute besuchten. Sonntags wurde Kaffee in leere Weinflaschen gefüllt und ins Bad mitgenommen. Natürlich gehörte auch Kuchen dazu, und so wurde das Badeleben mit einem Picknick verbunden. Das Wasser war dort sehr niedrig, nur etwa 40 oder 50 cm hoch, aber reißend. Man konnte leicht durch diese „Furt" zur Insel gelangen.

[1] Die „Parzelle" ist das seit Ende des 19. Jahrhunderts am Rand der Bissinger Gemarkung, Richtung Bahnhof, beiderseits der Bissinger Bahnhofstraße entstandene Wohngebiet. Die Parzelle beginnt etwa bei der heute noch vorhandenen „Uhr" an der Bahnhofstraße, gegenüber der Einmündung der Rosenstraße und erstreckt sich bis zum Güterbahnhof, der an der Markungsgrenze, teils auf Bissinger, teils auf Bietigheimer Markung liegt.

Das Bissinger Freibad oberhalb des Gänsegartens 1935.
(Fotograf: Otto Kienzle, Herkunft: Stadtarchiv Bietigheim-Bissingen)

Der schmale Enzarm, welcher um die Insel führte, war mehr ein stehendes Gewässer, in dem es fast handtellergroße Muscheln gab. Ich nahm einmal welche mit nach Hause und setzte sie in der Badewanne ins Wasser, bis alle über Nacht auf ihrem „Fuß" standen, dann habe ich sie wieder in die Enz gebracht.

Weiter Enz abwärts, kurz vor dem Enzgauwerk, gab es noch ein Bad, eine Holzkonstruktion, die auf Pontons schwamm und die sogar ein Sprungbrett hatte, etwa einen Meter hoch. Viel später war an dieser Stelle der Kanuklub.

Ein paar Schritte weiter, dort wo der Wobach in die Enz einmündete, befand sich das sogenannte DLW-Bad, in das nur Angehörige dieser Firma durften und das schon zu Bietigheim gehörte, wie weiter Enz abwärts das kleine Bad beim Viadukt. Es gab also auf dieser relativ kurzen Strecke vom Steg bei der Rommelmühle bis zum Viadukt fünf Bademöglichkeiten.

Als Schulkind sah ich einmal, wie beim Viadukt Soldaten standen, denen das Schwimmen beigebracht wurde. Auf dem sehr hohen Sprungbrett stand ein Mann, der an einer langen Leine einen Soldaten festgebunden hatte, der mit einer Badehose bekleidet war. Um den Bauch trug er einen Korkschwimmgürtel. Der Mann von oben rief Befehle nach unten und ließ immer wieder die Leine locker, wodurch der Soldat in der Enz unterging. Er wurde wieder hochgezogen, hatte aber Wasser geschluckt und zappelte und hustete, es muss für ihn eine Tortur gewesen sein.

Wir „Bahnhöfler" liebten unser Bad im Wiesental, das wir auf dem Zick-Zack-Wegle durch den Brandhaldewald und über die große Wiese erreichten. Ich habe ganze Sommer lang dort das Schwimmen geübt.

Manchmal kamen Suse und Ursel Müller vom DLW-Bad vorbei mit ihren Super-Fahrrädern, Ballon bereift. Nie werde ich vergessen wie mir Suse erlaubte, auf ihrem Rad bis zum Insele zu fahren, ein großes Vergnügen für mich. Wir Kinder waren im Sommer fast täglich an der Enz, und die Älteren machten einen Sport daraus, durch die Enz zu schwimmen, um kleine grüne Äpfel von den Bäumen

Seite 12: Luftbild 1956, Blick von Süden auf die „Parzelle": vorne mit Kamin die ehemalige Bissinger Ölfabrik, in der Bildmitte am linken Rand das Freibad beim Enzgauwerk.
(Aufnahme: Aero Express München, Herkunft: Stadtarchiv Bietigheim-Bissingen)

Das Bissinger „Elektrizitäts-Werk" (Enzgauwerk).
(Postkartenausschnitt, Herkunft: Inge Schneider)

am anderen Ufer zu stibitzen. Die wurden im Badeanzug verstaut und bei der Rückkehr großzügig verteilt. Etwas neiderfüllt sah man den größeren Kindern hinterher, und es wurde weiter fleißig das Schwimmen geübt, damit man auch mit über die Enz durfte.

Ursel Müller bot mir einmal ihren aufblasbaren Schwimmring an. „Mit dem kannst du gut mit über die Enz kommen", sagte sie, „ich habe ihn tüchtig aufgeblasen". Hocherfreut schlüpfte ich durch die Öffnung in der Mitte und ging mit den andern zum Wasser. Plötzlich merkte ich, dass der Ring nicht mehr so prall war und sah dann, dass er ein kleines Loch hatte. Ich musste zurückbleiben, war aber froh, dass ich das nicht erst im Wasser bemerkt hatte. Wer weiß, wie ich als Nichtschwimmerin reagiert hätte.

Es gab noch eine großartige Möglichkeit, uns im warmen Wasser zu vergnügen und das nur ein paar Meter vom Bad entfernt. Das damalige Enzgauwerk (später Neckarwerke) erzeugte durch die Abwärme des Kraftwerks aufgeheiztes Wasser, das durch eine etwa zwei

Meter breite Öffnung reißend in die Enz floss. Die Seiten des kleinen Kanals waren schräg, wurden nach oben breiter und waren mit unregelmäßigen Natursteinplatten belegt. Obwohl ich immer noch nicht schwimmen konnte, durfte ich mit meiner älteren Schwester und anderen Kindern mit in diesen Warmwasserabfluss klettern. Durch konsequentes Festkrallen zwischen den Steinplatten, rechts oder links, hangelten wir uns nach hinten, wo das herrlich warme Wasser über eine ca. 1 Meter hohe Mauer schoss, an die wir uns stellten. Es war großartig. Bei der Vorstellung, dass ich vom reißenden warmen Wasser in die Enz hätte gezogen werden können, wird mir allerdings heute noch etwas bang.

Blick auf Bissingen um 1910.
(Postkarte: Verlag Berz & Hofses, Zuffenhausen. Herkunft: Else Rosemann)

Das Enzbad beim Gänslesgarten

Rolf S., Jahrgang 1933

Das Enzbad beim Gänslesgarten lag auf Pontons. Es hatte einen Laufsteg, einen Boden und zwei Sprungbretter. Die Umkleidekabinen waren aus Holz und standen auf Betonpfosten. Zur Erntezeit kamen die jungen Bauern erst zum Baden, wenn es schon dunkel war. So lange das Tageslicht reichte, mussten sie auf den Feldern arbeiten. Und von den Bissinger Einwohnern hatten damals sicher nicht viele ein Badezimmer.

Manchmal haben zwischen Bad und Gänsegarten die Bauern auch ihre Pferde gebadet, die in der Erntezeit viel leisten mussten.

Ursprünglich stand an der Stelle der heutigen Wörthbrücke eine Holzbrücke, die 1947 vom Hochwasser mitgerissen wurde. Ich habe dabei zugeschaut. Der Steg bei der Rommelmühle rentierte sich nicht mehr. Dafür wurde die Brücke nach Untermberg gebaut, über die gleichzeitig die Wasserleitungen verlegt wurden. Beim Sprengen des Stegs wurde Herr Pflüger aus der Backhausstraße von einem umher fliegenden Steinbrocken an der Hüfte getroffen, was ihm sehr zu schaffen machte.

Das Wehr bei der Rommelmühle.
(Postkarte um 1935 nach einer Aufnahme von Otto Kienzle. Herkunft: Stadtarchiv Bietigheim-Bissingen)

Das Gsälzbrödle und der Fisch

Weil er von seiner Mutter oft Zwetschgenmarmelade auf sein Schulvesperbrot bekam, gaben ihm die Mitschüler den Spitznamen „Gsälzbrödle." Das machte ihm aber nicht viel aus, noch heute isst er gern ein Brot mit Marmelade, „Gsälz".

Etwas ganz anderes war die Geschichte mit dem Fisch. Unterhalb der Stellfalle beim Wehr der Rommelmühle standen bei Niedrigwasser manchmal stattliche Barben in der Enz, und das eigentlich verbotene Fischefangen war hier relativ einfach. Und das genannte Gsälzbrödle und ein paar Freunde wussten, wie man das macht. An einem Nachmittag stand mal wieder eine Barbe an dem bekannten Plätzchen in der Enz, und einer der Buben tauchte behutsam seine Hand ins Wasser, legte sie vorsichtig unter den Fischbauch und warf dann mit aller Kraft und Schnelligkeit die Barbe aus dem Wasser ans Land. Es war ein Prachtexemplar, und eines der Kinder hätte den Fisch mit irgendeiner Ausrede gern daheim abgeliefert. Als sich aber die Kinder hoch zufrieden mit ihrer Beute auf den Heimweg machen wollten, versperrte ihnen plötzlich Schutzmann Stricker den Weg. Die Buben hatten nicht bemerkt, dass er sie vom Ende der Brücke her aus dem Schatten einer Kastanie heraus beobachtet hatte. Er schimpfte tüchtig mit ihnen und nahm ihnen natürlich den wunderschönen Fisch ab.

Als man am nächsten Tag bei der Familie des erfolgreichen Fischers zum Mittagessen am Tisch saß, staunte der Junge nicht schlecht, als von seiner Mutter ein Fisch aufgetragen wurde. „Den kenne ich doch!", dach-

Albert Wöger war von 1901–1945 Lehrer in Bissingen. (Ausschnitt aus einem Klassenfoto um 1910. Herkunft: Else Rosemann)

te er im Stillen, ließ sich aber nichts anmerken. Es schmeckte wunderbar.

Später stellte sich heraus, dass Schutzmann Stricker den Fisch einer älteren Frau gegeben hatte, die ihm damals am Rathaus begegnet war, nicht ahnend, dass es sich dabei um die Großmutter des jugendlichen Anglers handelte, dem er den Fisch abgenommen hatte. Diese reichte die Barbe an ihre Schwiegertochter weiter, also an die Mutter des Jungen, und so landete die Barbe schließlich doch, wenn auch über Umwege, auf dem Teller des knitzen Fischers.

Eine Strafe blieb dem Lausbuben allerdings nicht erspart: Schutzmann Stricker hatte nicht nur die Barbe seiner Großmutter übergeben, sondern auch Herrn Wöger, den Klassenlehrer, informiert und der verabreichte dem „Täter" eine Portion „Hosenspannes".

WÜRSTCHEN BADEN

Ella Klein, Jahrgang 1930

Das „Gasthaus Stern" in Bietigheim, ganz in der Nähe des Bahnhofs wurde von Familie Nille bewirtschaftet. Wenn bei Nilles ein Schwein geschlachtet wurde, gab es immer sehr gute, knackige Würstchen. Auch Familie Kranz wusste diese sehr zu schätzen. Als wieder einmal bei Nilles Schlachtfest war, schickte man die Tochter Leni zusammen mit mir zum Würste kaufen in den „Stern". Den Heimweg wollten wir nicht auf der Straße vom Bahnhof zur Parzelle gehen, das war zu langweilig. Wir fanden das Rüber- und- Nüberhüpfen über den Wobach viel lustiger. Neben der Bahnhofstraße, die vom Bietigheimer Bahnhof in Richtung Bissingen führt, gab es gegenüber vom

Das Gasthaus zum Stern in der Bahnhofstr. 87 in Bietigheim: der Wirt Josef Nille und seine Frau stehen vor dem Auto rechts. 1971 musste der „Stern" dem Ausbau der B27 weichen.
(Aufnahme ca. 1935. Herkunft: Stadtarchiv Bietigheim-Bissingen)

Güterbahnhof eine Böschung hinab zum Wobach, der hier an einem großen Acker der Familie Karr entlang floss. (Heute steht auf diesem Feld die Firma Handelshof.) Wir hüpften und hüpften und plötzlich, oh Schreck, hatte Leni nur noch ein leeres Papier in der Hand, die Würstchen waren beim Hüpfen in den Wobach gefallen. Voller Schreck hasteten wir am Wobach entlang, und zu unserer großen Erleichterung konnten wir die schon einige Meter weiter geschwommenen Würstchen einholen und „retten". Schön abgetrocknet wurden sie anschließend bei Frau Kranz abgeliefert. Als es abends bei Lenis Familie Würstchen vom Stern gab, sagte Tante Berta: „Heute sind sie wieder ganz besonders gut."

Der Brotkorb des Stammtischs zählt die Vorzüge des „Stern" auf, darunter „Nilles berühmte Bratwürste". (Herkunft: Frau Schukrafft. Aufnahme: Stadtarchiv Bietigheim-Bissingen)

Gasthaus zum Güterbahnhof

Das Gasthaus zum Güterbahnhof war dort, wo heute das Hotel Otterbach steht.

In diesem Gasthaus wurden vor dem Krieg manchmal Versammlungen abgehalten, bei denen Parteivorstände zündende Reden hielten. Als es die Zentrumspartei noch gab, pflegte der Vorstand stets am Ende seiner Rede zu sagen: „Das walte Gott in Feld und Wald und Flur - Zentrumspartei!"

Auch der Gesangverein Konkordia traf sich hier um Lieder einzustudieren. Zu vorgerückter Stunde wurde oft mit viel Gefühl das Lied gesungen „Im schönsten Wiesengrunde ist meiner Heimat Haus".

rechts oben: Versammlung der Heimkehrer aus dem 1. Weltkrieg im Gasthaus „Güterbahnhof" 1918: rechts außen Paul Kiemle, Bauer aus der Rosenstraße, daneben Alois Nöscher aus der Karlstraße.
(Fotograf: Langjahr. Herkunft: Rosemarie Gerst)

rechts unten: Das Gasthaus zum Güterbahnhof in der Bissinger Bahnhofstraße, hier steht heute das Hotel Otterbach.
(Postkartenausschnitt, Herkunft: Inge Schneider)

Seite 20: Luftbild der Bissinger „Parzelle" in den 50er Jahren: Blick von Westen. Rechts am oberen Bildrand sind noch die Dächer des Güterbahnhofs zu sehen, darunter mit dem großen Kamin die Gebäude der ehemaligen Bissinger Ölfabrik. Links der Bahnhofstraße sind die Häuser der Parzelle, in der Mitte das Gebäude der Firma Rucksack Kurz. Am unteren linken Bildrand fängt der Festplatz der Parzelle an.
(Aufnahme: Aero Express München, Herkunft: Stadtarchiv Bietigheim-Bissingen)

WALDFEST AUF DER PARZELLE

Das Waldfest des Gesangvereins Konkordia fand immer auf dem Festplatz der Parzelle in Bissingen statt und war ein gesellschaftlicher Höhepunkt im Jahr. Man saß unter Eichen und Buchen auf Bierbänken, trank etwas und vesperte und hörte und schaute den Darbietungen zu. Für uns Kinder war ein Karussell aufgestellt. Es gab auch einen Festzug der Kinder, der beim Gasthaus zum Güterbahnhof aufgestellt wurde und bis zum Waldfestplatz marschierte, begleitet von der Kapelle des Musikvereins Bahnhof Bietigheim. Mit den Kindern waren Lieder und Reigen einstudiert worden, zum Beispiel: „A' Baurabüble mag i net, des sieht mr mir scho a, juhe!", oder: „Wir winden dir den Jungfernkranz", was von den Erwachsenen mit viel Beifall bedacht wurde. Zum Lohn gab's für die Kinder eine Rote Wurst und eine Brezel. Die Kapelle und die verschiedenen Chöre wechselten mit ihren Darbietungen ab und unterhielten die Leute bis spät in die Nacht.

Der Gesangverein „Concordia".
(Herkunft: Rosemarie Gerst)

*Waldfest des Gesangvereins „Concordia" im August 1937: die Kinder stellen sich beim Gasthaus „Güterbahnhof" zum Festzug auf.
(Aufnahme: Otto Kienzle, Herkunft: Familie Mayer)*

*Der Kinderchor der „Concordia".
(Herkunft: Rosemarie Gerst)*

Kinderfest auf der „Parzelle".
(Herkunft: Rosemarie Gerst)

„Parzellekinder" bei einem Kinderfest Ende der 30er Jahre in der Bissinger Bahnhofstraße.
(Herkunft: Rosemarie Gerst)

Bild Seite 25: Bericht im Enz- und Metterboten am 9. August 1937.

— Bissinger Anzeiger — Sachsenheimer Zeitung — Tageszeitung für das Enz- und Metteltal. 9. August 1937

Waldfest des Gesangvereins „Konkordia"
verbunden mit dem 25jährigen Vereinsjubiläum

Bissingen a. Enz, 9. Aug. Wie alljährlich, so hielt der Gesangverein Konkordia auf dem Festplatz der Bahnhofparzelle auch gestern wieder ein Waldfest ab. Waren die Jahre vorher in einfachem Rahmen gehalten, so war dieses Jahr anläßlich des 25jährigen Jubiläums des Vereins der Anlaß zu einer größeren Veranstaltung gegeben. Und so kamen nicht nur die Freunde des Gesangs vom Mutterort und aus Bietigheim, sondern auch die Sänger von Bissingen, Großingersheim und der Betriebschor der Fa. Bremer und Brückmann aus Ludwigsburg war stattlich vertreten. Den Auftakt der Feier bildete ein Zug vom Gasthaus z. Güterbahnhof unter Vorantritt der Kapelle des Musikvereins Bahnhof Bietigheim zum Festplatz, der bis zu diesem Eintreffen schon zahlreich besetzt war. Ein Marsch der Kapelle leitete das umfangreiche Programm ein, dem der Chor „Bald prangt den Morgen zu verkünden" folgte. Hierauf begrüßte der um das Wohl des Vereins eifrig bemühte Vorstand, Herr Castritius, die zahlreich erschienenen Gäste und die auswärtigen Sängerkameraden. Er gab dann eine Schilderung, wie der Verein im Jahre 1912 mit 10 Mann gegründet wurde. In den 25 Jahren seines Bestehens hat er auf Preissingen 6 erste Preise errungen. Die Sängerschar ist heute noch klein aber leistungsfähig. 2 Jahre nach der Gründung brach der Weltkrieg aus, der den Singstundenbetrieb lahmlegte. In dieser Zeit sandten die Mitglieder ihren im Felde stehenden Kameraden Liebespakete. Er gedachte auch der im Felde gefallenen 2 Mitglieder und schloß seine Ansprache mit der zuversichtlichen Hoffnung, daß die Sänger auch fernerhin zusammenhalten, denn Einigkeit macht stark. Schriftführer Seegebrecht schilderte hierauf in ausführlicher Weise den Werdegang des Vereins. Er gedachte zunächst der zwei Mitbegründer des Vereins, der Herren Karl Weber und Eugen Berner, die hernach unter Ueberreichung einer Ehrenurkunde zu Ehrenmitgliedern ernannt wurden. Im Jahre 1913 zählte der Verein 25 Sänger und in diesem Jahre trat er zum erstenmal in Bietigheim und Großingersheim öffentlich auf. In den kommenden Kriegsjahren fielen die Mitglieder Franz Schick und Karl Leibold. Nach dem Kriege wurde das Vereinsleben wieder aufgenommen. In dieser Zeit übernahm Herr J. Schlosser bis 1921 den Vorsitz. Von 1921—23 Herr Schwemmer, 1924—25 Herr Wilh. Beck, 1925—27 Herr Schwemmer, 1927—28 Herr Klink und 1929—33 wiederum Herr Schwemmer. Ab 1934 bis heute hat Herr Castritius das Amt inne. Im Jahre 1921 wurde dem Männerchor der gemischte Chor angegliedert. Dankesworte fand er auch für den Dirigenten. W. Unterkofler, der den Verein in seiner 10jährigen Dirigentenzeit schon oft zu schönen Erfolgen führte. Ebensolchen Dank sprach er Herrn und Frau Castritius aus, die beide trotz ihres hohen Alters um das Wohl und Wehe des Vereins eifrig besorgt sind. Mit einem Sieg-Heil auf den Führer und den deutschen Gesang schloß Herr Seegebrecht seine Ansprache. Im Laufe des Nachmittags ergriff Herr Adolf Stöcker vom Betriebschor der Fa. Bremer und Brückmann das Wort und dankte für die Einladung. Er verband damit den Wunsch weiteren Blühens des Vereins. Nun ließen sich abwechslungsweise die Kapelle und die verschiedenen Chöre hören, die die Teilnehmer aufs beste unterhielten. Neben Volks- und Heimatliedern hörte man auch schwierigere Chorwerke, die alle gut gesungen wurden und großen Beifall fanden. Während der Pause kamen die Kinder zu ihrem Recht; durch Reigen und Spiele vertrieben sie sich die Zeit und hatten große Freude, als ihnen eine Wurst oder Brezel als Lohn für ihre Darbietungen gegeben wurde. So saßen wieder einmal die Freunde und Gönner der Konkordia unter den schattenspendenden Bäumen des Parzellefestplatzes gemütlich beisammen und erlebten einige fröhliche Stunden, die dann auch recht lang ausgedehnt wurden bis die tiefe Nacht hereinbrach.

Ansichtskarte von Untermberg. (Herkunft: Stadtarchiv Bietigheim-Bissingen)

Karl Jetter, ein bekannter Bissinger

Der Jetters Karl, wie er genannt wurde, war ein Bissinger Original. Kein lauter Krakeeler, eher der stillere Typ, den man gut leiden konnte. Viele Bissinger können sich noch gut erinnern, wie er mit seinem uralten Kinderwagen unterwegs war um einzusammeln, was die Leute nicht mehr gebrauchen konnten, sei es aus Metall oder von textiler Art.

Als er einmal Herrenanzüge, Hemden und Jacken von einer Bissinger Familie bekam, die nicht mehr Passendes aussortiert hatte, hängte der Jetters Karl alles da wo er wohnte an Äste und Zweige, und nannte das Ganze dann „Sommerschlussverkauf." Ob er Erfolg hatte, ist nicht bekannt.

In der Kriegszeit wurde er kriegsdienstverpflichtet und musste in der Firma Grotz Metallspäne zusammenfegen und nach Metallen getrennt auf verschiedene Behälter verteilen.

Der Jetters Karl wohnte in Untermberg im sogenannten Großen Haus, schräg gegenüber vom Gasthaus Krone. Es wird erzählt, er sei ein harmloser alter Sonderling gewesen, gutmütig und ehrlich. Einmal habe er eine Zahltagstüte gefunden mit dem kompletten Wochenlohn eines Arbeiters. Ganz selbstverständlich habe er die Tüte abgeliefert, obwohl er das Geld sicher auch selbst gut hätte gebrauchen können …

Das Äffchen

Ella Klein, Jahrgang 1930

Zwischen der alten Ölfabrik und dem großen Eisenbahnerhaus[2] auf der Parzelle befand sich ein Garten, in dem ein nicht sehr großer Käfig stand. Bewohnt wurde dieser Käfig von einem Äffchen, einer Meerkatzenart. Das war etwas ganz Besonderes und faszinierte die Jugend der Parzelle sehr. Oft standen dort Kinder, um es zu füttern oder mit ihm zu reden. Manchmal auch um es zu ärgern, was Herr Weber, dem das Tierchen gehörte, gar nicht gerne sah. Er hatte das Äffchen von seinem Bruder bekommen, der in Afrika lebte. Herr Weber wohnte wie wir im Eisenbahnerhaus, und in den Ferien besuchten die 4 oder 5 Kinder seines Bruders ihn und seine Frau Mariele. Ab und zu durfte das Äffchen sich in Webers Wohnung aufhalten, wo es dann manchmal etwas herunterwarf und seinen Auslauf genoss. Das war dann für uns Kinder vom Haus zusammen mit den Kindern aus Afrika ein lautstarkes Vergnügen.

Ella Klein (rechts) mit den Schwestern Erna (links) und Hedwig Kurz.
(Herkunft: Ella Klein)

[2] An der Bahnhofstraße 150 bestand von 1903 bis 1928 zunächst die Ölmühle Ziegler, dann die Ölfabrik Ziegler & Denk. Später war in diesen Gebäuden die Seifenfabrik Valan, nach 1957 das Bundeswehr Wehrbereichsbekleidungsamt. Daneben, Bahnhofstraße 152, steht das sogenannte „Große Eisenbahnerhaus" und das im Krieg zur Hälfte zerstörte „Kleine Eisenbahnerhaus" (Bahnhofstraße 154). In diesen Häusern wohnten Beschäftigte des Bahnhofs.

Das „große Eisenbahnerhaus" (Bahnhofstraße 152), links noch ein Teil des „kleinen Eisenbahnerhauses" (154), rechts die Bissinger Ölfabrik (150).
(Postkarte um 1910, Verlag W. Borchert, Bietigheim. Herkunft: Stadtarchiv Bietigheim-Bissingen)

Der neue Badeanzug
Rosemarie Gerst, Jahrgang 1927

Da meine Familie katholisch war, mussten meine zwei Schwestern und ich, obwohl wir auf der zu Bissingen gehörenden Parzelle wohnten, in die katholische Forsthausschule nach Bietigheim gehen. Deshalb gehörten wir auch ganz selbstverständlich zu den Bietigheimer und nicht zu den Bissinger Jungmädel (JM). Meine Scharführerin mochte ich sehr, ich bin gern zum „Dienst" gegangen. Viel Spaß machte das Wandern mit Gesang, bei dem manchmal das Lied gesungen wurde „Mädchen, ach meide Männerschmeichelei'n". Sonntags ging unsere Familie immer in die Kirche, auch wenn ein Treffen der JM angesagt war. Irgendwelche Beanstandungen gab es deshalb nicht.

In Bietigheim gab es eine Führerin, die über den Scharführerinnen stand. Sie hieß Karen, wurde aber nur „Karle" genannt. Sie war sehr beliebt und allen ein Vorbild.

Im Keller der Forsthausschule wurde 1939 oder 1940 eine Tränengasübung abgehalten. Ich kann mich noch erinnern, dass Frauen und Männer ihre Augen abtupften als sie an die frische Luft kamen.

Einmal brauchte ich einen neuen Badeanzug, weil mir mit meinen 12 oder 13 Jahren alles zu klein wurde. Da wir auch bei den JM gemeinsam badeten, war es mir sehr wichtig, was meine Mutter wohl von Ludwigsburg für mich mitbringen würde. Ich nehme an, sie hatte einen Bezugschein. Als Mutter zurückkam und ihren Einkauf auspackte, war ich sehr überrascht und innerlich voll Abwehr. Es war ein „Zweiteiler" aus hellblauer, grober Wolle gestrickt, und mit erikafarbenen Blümchen bestickt. Im Oberteil war nicht einmal andeutungsweise so etwas wie ein Bh vorhanden, es war mehr wie ein reichlich großes Dreiecktuch, das auf dem Rücken und hinter dem Hals gebunden wurde. Ich kannte kein Mädchen, das so etwas trug. Bei der Anprobe stellte sich heraus, dass zwischen Oberteil und Unterteil weniger als eine Handbreit frei und deshalb kaum Haut zu sehen war. Die Beinlänge des Unterteils reichte fast bis zur Mitte der Oberschenkel. Meine Mutter beteuerte immer wieder, dass sie nichts anderes gefunden hätte und ich gab schließlich nach.

Die Forsthausschule in Bietigheim stand dort, wo sich heute das „Bad am Viadukt" befindet. Sie wurde kurz vor Kriegsende 1945 zerstört.
(Aufnahme von Otto Kienzle, 30er Jahre, Herkunft: Stadtarchiv Bietigheim-Bissingen)

*Rosemarie Gerst geborene Nöscher.
(Herkunft: Rosemarie Gerst)*

Briefe von Ruth Meroth, 11 Jahre

Sie starb 1942 an Scharlach.
Die Briefe waren Schulaufsätze. Sie wurden von Albert Meroth zur Verfügung gestellt.

Beim ersten Tragen des guten Stücks merkte ich, dass die anderen Jungmädel tuschelten, natürlich über meinen Badeanzug. Es war mir sehr peinlich und mir war nicht wohl in meiner Haut, denn „so etwas tragen deutsche Mädchen nicht", ließ man mich merken. Oft habe ich das gute Stück bestimmt nicht getragen, lieber ging ich gar nicht baden.

Genau diejenigen, die sich über meinen Badeanzug mokiert hatten, waren nach Kriegsende die ersten, die einen Lippenstift benutzten. Nun war der Satz „deutsche Mädchen tun das nicht" vergessen.

*Bild rechts: Ruth Meroth.
(Herkunft: Albert Meroth)*

Nr. 7
Bissingen a. Enz, 12. 7. 1940

Lieber Onkel Otto!

Du kannst Dir nicht denken, welche große Freude uns am letzten Freitag zuteil wurde. Wir durften nämlich unseren geliebten Führer sehen. Mich hielt nichts mehr zurück, ich ging mit meinem Rad auf und davon, dem Bahnhof zu. In der Bahnhofstraße traf ich meine Freundin Margot. Als wir am Bahnhof ankamen, standen dort viele Menschen. Der Zug war schon eingetroffen. Im Vorzug und Nachzug waren viele bedeutende Persönlichkeiten der Regierung, darunter Generalfeldmarschall Hermann Göring und Reichsaußenminister v. Ribbentrop. Im Führerzug waren die engsten Mitarbeiter unseres Führers. Wir konnten den Führer 20 Minuten lang sehen, als er zum Fenster heraus sah. Er grüßte freundlich, sah aber sonst recht ernst aus. Ihm flogen immer wieder die Worte zu: „Wir wollen unseren Führer sehen", oder „Sieg Heil: Wir danken unserem Führer!" Es folgte auch das Engellandlied. Lieber Onkel Otto, diesen Tag werde ich nie vergessen, denn da sah ich zum ersten Male unseren Führer Adolf Hitler.

Herzlich grüßt Dich
Deine Nichte Ruth Meroth.

Nr. 8.
Bissingen/Enz, 6. September 1940.

Lieber Onkel Theo!

Heute Nacht kamen zu uns wieder die feindlichen Flieger. Ich erwachte an dem Heulen der Sirenen. Du glaubst nicht, wie ich aus dem Bette fuhr und mich anzog. Um ¼1 Uhr waren wir dann im Luftschutzraum. Mein Vater mußte fort zu der Feuerwehr, da waren wir allein. Zuerst schoß es nicht sehr, dann aber fing es an. Mein kleines Schwesterchen Gretel hatte sehr Angst und sie sagte: „Bum bum bös, ich Angst." Die Flieger waren zuerst in der Gegend von Heilbronn, dann bei Stuttgart. Ich weiß leider noch nicht, wieviel Bomben sie abgeworfen haben, daß sie aber vor einigen Tagen im Laiern, Lauffen a. N., Heilbronn, Berlin und in Großbottwar warfen, das weiß ich. In Großbottwar brannte es, daß war sehr schlimm, denn das zeigte den Fliegern noch besser den Weg. Wir waren alle sehr froh, als entwarnt wurde. Ist es bei Dir besser? Dann sei froh!

Es grüßt Dich herzlich
Deine Ruth.

3 Ruth Meroth wohnte in der Ludwigsburger Straße, der „Gänslesberg" oder „Gänslesbuckel" ist die Anhöhe im oberen Bereich der Gottlob-Grotz-Straße.

Nr. 11.
Bissingen a. Enz, 16. 11 1940

Lieber Onkel Otto!

Unsere Gegend wird häufig von englischen Fliegern überflogen. Schon im August warfen sie im Laiern bei Bietigheim Bomben ab. Am 8. Nov[ember] war schon abends um 3/4 9 Uhr Fliegeralarm. Wir suchten alle rasch den Schutzraum auf, denn man hörte schon das Motorengebrumm der Flieger und das Schießen der Flak. Wir hörten gespannt auf die Flieger, denn sie stellten manchmal den Motor ab, damit unsere Flak meinen sollte, sie wären wieder fort. Um 10 Uhr hörten wir dumpfe Einschläge, wir wußten, daß die Bomben in der Nähe gefallen waren. Kurz vor 1/2 1 Uhr wurde entwarnt; wir waren alle sehr froh. Morgens erfuhren wir, daß in unserer Straße ober dem Gänslesberg[3] mehrere Bombenabwürfe waren, dabei eine Zeitbombe. Auch in Stuttgart und Ludwigsburg entstanden von den Einschlägen Brände. Wir hoffen alle, daß die Flieger nicht mehr kommen.

Herzliche Grüße von Deiner Nichte Ruth

ALLTAG IM KRIEG
Ruth Kalckhoff geb. Klein, Jahrgang 1929, wohnte auf der Parzelle in Bissingen.

Im Juli 1939 war ich 10 Jahre alt geworden. Meine Eltern und überhaupt viele Leute redeten vom Krieg und jeder hatte Angst. Wir hatten damals kein Radio, aber die Nachbarin rief frühmorgens meiner Mutter zu: „Wir haben Krieg!" Die Frauen weinten, und ich durfte an jenem Tag nicht zur Schule gehen, man wusste ja nicht was passieren wird.

Einige Tage später stand groß in der Zeitung „Schieber und Kriegsgewinnler hingerichtet". Angeblich hatten Lebensmittelhändler ohne Lebensmittelmarken, aber für „Schwarzgeld" Öl, Zucker und Mehl verkauft. Sie wurden dabei erwischt und hingerichtet. Später hieß es, das sei gar nicht wahr gewesen, sondern nur als abschreckende Nachricht durch alle Zeitungen gegangen.

Mein Vater war keiner Partei zugehörig, aber seiner Einstellung nach war er Sozialdemokrat. Ein junger Onkel von mir war Parteimitglied und SA-Mann. Da gab es in der Familie oft hitzige Debatten, und meine Mutter sagte angstvoll zu meinem Vater: „Karl sei still, sonst holen sie dich!" Was dieses „Holen" tatsächlich für Folgen hatte und was es wirklich bedeutete, davon hatten wir keine Ahnung.

In den ersten Kriegsjahren wurde unsere Gegend von feindlichen Flugzeugen meist nur überflogen. Als Luftschutzraum genügte der eigene Keller im Haus, der mit ein wenig Bettzeug, Lebensmitteln und Wasser ausstaffiert war. Mein Vater hatte wegen eines Unfalls im Kindesalter ein verkürztes Bein und war deshalb vom Kriegsdienst befreit. Er musste das Amt des Luftschutzwarts übernehmen, später kam er zum Volkssturm. Er hatte die Haus- und Wohnungsschlüssel der ganzen Nachbarschaft. Als die Lufteinsätze zunahmen, hat er oft Brandbomben hinausgeworfen, die in die Dächer unserer Nachbarn eingeschlagen waren.

Bald merkte man, dass der häusliche Keller als Schutzraum nicht mehr sicher genug war. Im alten Steinbruch an der Enz waren drei tiefe Stollen in den Fels getrieben worden. Dort bekamen wir Bunkerkarten, das heißt, jeder hatte seinen festen Platz, damit es keinen Streit gab. Einmal, nach der Entwarnung die dort drin nicht zu hören war, kam einer der dortigen Luftschutzwarte herein und rief, „Entwarnung, macht dass ihr heimkommt. Aber wenn euch der Teufel holen will, holt er euch auch hier drin."

Ab 1942 ging ich in die Robert-Franck-Schule, Höhere Handelsschule in Ludwigsburg. Das Schulgebäude war zum Lazarett umfunktioniert, wir hatten Unterricht in einer ehemaligen Kaserne. Bei Fliegeralarm musste jeder Schüler seine Schreibmaschine in den Keller schleppen. Dieser Keller war nur ein Untergeschoss mit Fenstern, die teilweise oberirdisch lagen. Im Ernstfall war das kein sicherer Platz.

Ich hatte eine Schülermonatskarte, Bietigheim-Ludwigsburg, die damals 4,40 Mark kostete. Der Zug fuhr täglich um 7.05 Uhr. Wenn ich den Zug von Vaihingen her kommend über den Viadukt fahren sah, rannte ich zum Gartentörle hinaus. Das reichte, um ihn noch am Bahnhof Bietigheim zu erreichen. Denn der

Zug musste ja noch den weiten Bogen ums DLW herum machen, bei leichter Steigung ging das nicht so schnell.

Wenn nachts Alarm war, hatten wir Schüler nicht 7.30 Uhr, sondern erst 9.30 Uhr Schulbeginn, damit wir den verlorenen Schlaf nachholen konnten, aber das nützte uns nichts, denn es gab keinen anderen Zug. Also fuhren wir „schwarz" nach Stuttgart und schauten uns dort mit Entsetzen die rauchenden Trümmer an. Pünktlich zum Schulbeginn waren wir wieder in Ludwigsburg.

Manchmal hatten wir auch nachmittags Unterricht, aber es fuhren keine Züge, so dass wir über Mittag in Ludwigsburg bleiben mussten. Im „Stuttgarter Hof" in der Myliusstraße aßen wir dann zu Mittag. Für fünf Gramm Fettmarken gab es das „Stammgericht." Das waren entweder saure Kartoffelrädle mit roten Rüben oder saure Kutteln mit roten Rüben. Beide Gerichte schmeckten so grausig, dass ich sie seither niemals wieder gegessen habe. Im Café Ellwanger in der Kirchstraße gab es für Schwarzbrotmarken Linzertorte. Eine Schulkameradin war eine Gastwirtstochter, die schenkte uns manchmal diese Marken, und dann genossen wir diesen Luxus.

Meine Mutter backte immer selbst unser Brot, dazu gab's selbstgekochte Marmelade. Dieses „Gsälzbrot" tauschte ich manchmal mit dieser Schulkameradin gegen ein Leberwurstbrot, dann waren wir beide selig.

Hitler hätte am liebsten alle Religionen verboten. Das ging nicht, aber es war nicht mehr erlaubt, Konfirmandenunterricht innerhalb des Schulunterrichts abzuhalten. Ich hätte 1943 konfirmiert werden sollen, und der Unterricht fand abends statt. Wegen der zunehmenden abendlichen Fliegerangriffe und des langen Weges, erlaubten das meine Eltern nicht. Also wurde ich nicht kirchlich konfirmiert, sondern erhielt die nationalsozialistische Jugendweihe im Liederkranzhaus.

Nach der Getreideernte gingen meine Mutter und wir Kinder zum Ährenlesen auf die Felder. Das war sehr mühsam, und von der Hitze bekam ich bei Nacht oft Nasenbluten. Wir hatten eine Art Klammerschürze um den Bauch gebunden. Da hinein sammelten wir die Äh-

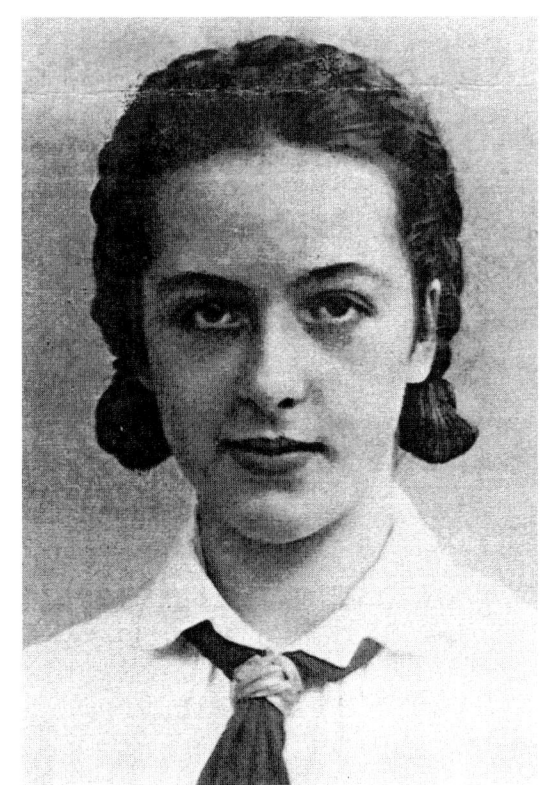

Ruth Klein 1943 als Jungmädel.
(Herkunft: Ruth Kalckhoff)

ren. Wenn der Beutel voll war, füllten wir ihn in ein Säckchen um. Einmal wurde uns dieser fast volle Sack gestohlen. Das war Anlass zu großer Verzweiflung, heute nicht mehr vorstellbar. Stundenlange Plackerei bei Hitze und Staub und alles umsonst.

Wir hatten einen großen Garten und deshalb auch leidlich genug zu essen. Blumen waren Luxus, jeder Platz im Garten wurde mit Gemüse und Kartoffeln bebaut. Je länger der Krieg dauerte, und vor allem nach dem Krieg, wurde immer wieder über Nacht etwas aus dem Garten gestohlen, einmal das ganze Spalierobst, da haben wir geweint. Hühner und Hasen hatten wir auch. Ich musste nach der Schule immer mit der Sichel und einem Sack fortgehen, um irgendwo Gras zu mähen. Das Niemandsland, also Gräben und Raine, war rar, und es gab sehr viele Leute, die ebenfalls auf Futtersuche waren.

Etwas Mohn bauten wir auch an, um diesen gegen Öl einzutauschen. Die ausgepressten Ölkuchen wurden an die Hasen verfüttert. Ohrwürmer und Vögel fraßen ebenfalls gern Mohn, und so wurden Schnüre mit Klappern und Glitzerzeug kreuz und quer gespannt, um die Vögel zu verjagen.

Die Eltern einer Schulkameradin hatten ein Radio mit dem man ausländische Sender empfangen konnte, und nur wenn die Hausgehilfin Ausgang hatte, durften wir Schulmädchen ganz leise englische Tanzmusik hören. Wir knieten dazu auf Stühle, steckten die Köpfe zusammen, dicht am Radio bei geschlossenen Fenstern, damit ja kein Ton nach draußen drang. Feindliche Sender zu hören war verboten.

Weil wir im Februar 1944 nicht mehr zur Schule gehen durften, besuchte ich einen Schreibmaschinen-Abend-Kurs in Ludwigsburg. Bei den vielen Luftangriffen war das sehr gefährlich. Einmal war Alarm, und in Stuttgart fielen Bomben. Zusammen mit einer Schulkameradin stand ich in Ludwigsburg auf dem Bahnhof. Der Zug für die Heimfahrt kam und kam nicht. Plötzlich fuhr ein langer Güterzug auf dem Ludwigsburger Bahnhof ein und hielt. Heizer und Lokführer schauten aus dem Fenster. Wir bettelten: „Bitte nehmt uns mit bis Bietigheim!" Natürlich durften sie das nicht, aber sie hatten Mitleid mit uns und halfen uns zwei Mädchen in den Führerstand der Lokomotive. Diese Fahrt in der Enge und Hitze vergesse ich nie.

Im Juli 1944 wurden alle Höheren Schulen geschlossen und ich wurde eingezogen zum Kriegshilfsdienst. Ich kam ins DLW und musste Gasplanen falten. Das waren leintuchgroße Stücke aus einer Art Teerpappe. An beiden Enden wurde eine Schnur durchgezogen, damit man sie raffen und zum Schutz vor Kampfgas über Kopf und Rücken werfen konnte. Sie wurden auf Kartentaschengröße gefaltet und in eine Hülle gesteckt. Im Bunker wichen die Leute vor uns zurück, weil wir so stanken. Ganz ungiftig war das Zeug wohl nicht, denn mir gingen büschelweise die Haare aus. Nach einem Jahr war aus meinen zwei langen Zöpfen ein dünnes Schwänzchen geworden. Ich war damals 15 Jahre alt. Die Arbeitszeit dauerte von 6 bis 18 Uhr. Mein Stundenlohn betrug 37 Pfennige. Zum Vergleich: 250 gr. Siedfleisch kostete 41 Pfennige und eine Brezel 4 Pfennige. Dieser liederliche Lohn liegt als erste Lohnbescheinigung meiner heutigen Rentenberechnung zugrunde.

Beim Kriegshilfsdienst im DLW waren nicht nur Schüler und Hausfrauen beschäftigt, sondern auch einige Russen, die im Lager im Laiern untergebracht waren. Ab und zu bekamen sie von jemandem ein Stück Brot, einen Apfel oder ein paar Kartoffeln, aber ganz heimlich, damit das ja niemand sah. Die Kartoffeln legten sie sodann in die Asche im großen Ofen, der mitten im Raum stand. Wenn ein wenig Glut herunterfiel, roch es leicht angebrannt. Mehr als einmal riss der Meister, der ein überzeugter Nazi war, den Aschekasten mit den angebrannten Kartoffeln heraus und warf alles auf den Boden. Die Leute mussten zur Strafe dann Kartoffeln und Asche in den Müll werfen.

Die Luftangriffe häuften sich. Um die Produktion in den Betrieben einigermaßen aufrecht zu erhalten, wurde Voralarm eingeführt. Der berechtigte nicht zum Verlassen des Arbeitsplatzes. Erst bei Vollalarm durfte man losrennen, aber da waren meistens die Flieger schon da. Es gab viele tote und verletzte Zivilisten, die von den Tieffliegern beschossen wurden. Die Flieger wurden von der auf dem Viadukt, dem DLW und am Bahnhof stationierten Flak beschossen. Eine dieser Flakgranaten traf mein Elternhaus, zum Glück jedoch direkt auf einen Balken über der Haustür. Es wurde lediglich ein Stück Hauswand herausgerissen und ein großes Loch war zu sehen. Das Dach war beschädigt und innen auch Wände und Türen, aber zum Glück brannte es nicht.

Im April 1945 war Bietigheim und Bissingen eine Woche von französischem Militär belagert. Die Franzosen kamen von Nordwesten her, die Enz war die Grenze. Es waren meistens schwarze Soldaten, vor denen die Bevölkerung große Angst hatte, die nicht ganz unberechtigt war. Es kam zu Vergewaltigungen, auch innerhalb meiner Verwandtschaft.

Das deutsche Militär sprengte auf dem Rückzug alle Brücken, auch den Bietigheimer Viadukt. Der war während der Bombenangriffe immer wieder schwer getroffen, aber nie zerstört worden. Ich stand vor unserer Haustüre, als ich plötzlich viele kleine, unerklärliche Wölkchen am Viadukt sah, während die alte Eisenbahnbrücke zum großen Teil langsam in sich zusammensank. Dann erst hörte ich den dumpfen Knall.

Nach Kriegsende waren Lebensmittel noch viel knapper, als während des Krieges. Die Jahre bis zur Währungsreform waren für uns die schlimmsten. Ich arbeitete von Mai bis Oktober 1945 bei einer Bauernfamilie auf dem Fißlerhof. Ein Mittagessen und ein Liter Milch pro Tag waren mein Lohn. Die Arbeit begann mit Rüben hacken, Unkraut jäten, Heu machen, dann kam die Getreideernte. Natürlich gab es keine Mähdrescher, und weil es viel geregnet hatte und die Halme am Boden lagen, mussten sie teilweise mit der Sense gemäht und von Hand zu Garben gebunden werden. Tage später wurden die trockenen Garben aufgeladen. Der Bauer stand auf dem Wagen, und ich musste ihm die Garben mit der Heugabel und weit ausgestreckten Armen hochreichen. Für ein 16jähriges Mädchen eine Schwerarbeit. Bei der Kartoffelernte im Herbst stand man manchmal bis zu den Knöcheln in der nassen Erde, über Kopf und Rücken einen Sack gestülpt, zum Schutz vor Regen.

Weil kaum Züge fuhren, konnte man ohne weiteres am Bahnhof über die Gleise gehen, musste also nicht der Straße nach den weiten Bogen zum Fißlerhof laufen. Eines abends auf dem Heimweg ging ich mit einem anderen Mädchen, das ebenfalls einen Liter Milch als Tageslohn erhalten hatte, über den Bahnhof, als ganz langsam ein Güterzug mit deutschen Kriegsgefangenen durchfuhr. Die streckten uns durch die Gitter ihre Arme entgegen und schrien um etwas zu essen und zu trinken. Wir gaben ihnen unsere Milchflaschen. Daheim wurde ich dafür allerdings ziemlich gescholten. Meine Mutter hatte dringend mit dieser Milch gerechnet. Nur kleine Babys bekamen ¼ Liter Milch am Tag, größere Kinder oder Erwachsene nicht, also war das eine Kostbarkeit.

Am 8. Mai 1945 war der Krieg zu Ende. Meine Mutter und ich wollten nach unseren Verwandten in Bietigheim schauen. Wir wussten nicht, ob sie noch am Leben waren. Wir hatten einen Passierschein bekommen und durften im Gänsemarsch über die Pontonbrücke gehen, die nahe beim heutigen Enzsteg über die Enz gelegt war. Die schwarzen Soldaten hingen mit aufgestützten Armen über dem Geländer des Stegs und lachten uns an. Ich war starr vor Entsetzen mit meinen 16 Jahren, da ich noch nie Schwarze gesehen hatte, schon gar nicht so hautnah.

Im Sommer 1945 hieß es plötzlich, in der Bissinger Rommelmühle gibt es Mehl. Meine Mutter und ich machten uns mit dem Leiterwägele auf den Weg. Mehl gab's keines, aber einige leere Mehlsäcke aus Papier und einem Faden. Die Säcke sahen aus wie gewebt. Wir ribbelten sie auf und ich strickte Pullover daraus. Auf dem Heimweg von der Rommelmühle kamen wir an der Litfasssäule mit der Uhr vorbei, die heute noch an der Bahnhofstraße auf der Parzelle steht. Da waren Plakate angeschlagen über die Gräueltaten der Nazis in den KZs. Meine Mutter stand fassungslos davor und sagte immer wieder: „Das haben wir nicht gewusst, ist das wahr? Das wussten wir nicht..."

Luftbild von 1956: in der Bildmitte, mit Kamin, die Gebäude der ehemaligen Bissinger Ölfabrik (nach dem Krieg Firma „Valan", Seifen und Wachmittelproduktion), davor die Bahnhofstraße mit der Einmündung der Karlstraße. (Aufnahme: Aero Express München, Herkunft: Stadtarchiv Bietigheim-Bissingen)

Kindheit im Krieg

Ruth Mayer (geb. Frey), Jahrgang 1932

Ruth wohnte mit ihrer Familie direkt neben der Bäckerei Haiber[4]. Vom Geheule der Sirene auf Bäcker Haibers Haus wurden die Bewohner der Parzelle Bahnhof in Bissingen rücksichtslos aus ihren Betten gerissen. Der Heulton anderer Sirenen war auch zu hören, aber weiter weg und nicht so intensiv wie in der direkten Nachbarschaft.

Damit man nachts bei Alarm rasch fertig war, zog sich kaum jemand abends beim Schlafengehen ganz aus. Manchmal gab es keinen Voralarm und wenn Vollalarm war, wussten alle, dass höchste Eile geboten war, in einen Schutzraum zu kommen.

Wenn Alarm war, rannte Ruth mit Erlaubnis ihrer Mutter oft zuerst zum Nachbarhaus, um Frau Wild beim Anziehen der Kinder Gretel, Fritz und Kurt zu helfen, die sie in den Luftschutzraum der alten Ölfabrik mitnahm, wie man damals das große Gebäude in der Bahnhofstraße nannte. Frau Wild musste noch die kleineren Kinder anziehen und kam dann nach.

Ruths beste Freundin war Lieselotte Schatz. Mit ihr ging sie täglich den weiten Schulweg bis zur Heyd-Schule in Bissingen: drei Kilometer hin und drei Kilometer zurück. Es kam vor, dass die Kinder bei Voralarm vom Lehrer heimgeschickt wurden und unterwegs, vom Vollalarm überrascht, gezwungen waren, einen Unterschlupf zu suchen. Auf jeden Fall mussten sie weg von der Straße. Manchmal reichte es ihnen gerade noch bis zur Firma Grotz oder zum Bäcker Füchtner[5], von wo sie

Ruth Frey.
(Herkunft: Ruth Mayer)

erst bei Entwarnung den weiteren Heimweg antreten konnten. Immer mal wieder suchten sie auch Schutz im Brandhaldewald, der von der Firma Grotz bis zur Parzelle reichte. Von den Bäumen gegen die Sicht von oben verdeckt, konnten sie so auf dem alten Bahngleis bis zur Parzelle gehen.

Meistens ließ der Lehrer die Kinder von Untermberg und von der Parzelle bei Vollalarm nicht nach Hause gehen, weil sie den weiten

[4] Die Bäckerei Haiber war in der Bahnhofstraße 133.

[5] Die Bäckerei Füchtner war in der Bahnhofstr. 34.

Weg in der relativ kurzen Zeit bis zum Eintreffen der Flieger nicht schaffen würden. Sie mussten dann in der Schule bleiben bis zur Entwarnung.

Im Luftschutzraum der alten Ölfabrik (in der später die Firma Valan war und danach ein Amt der Bundeswehr) trafen sich bei Alarm viele Bewohner der Parzelle, besonders die Leute der näheren Umgebung. Die Nähe zum Bietigheimer Bahnhof beunruhigte aber die Menschen immer mehr und so nahmen viele den weiteren Weg in den neu erbauten Stollen im Brandhaldewald auf sich. Frau Wirth, die im „neuen Viertel" wohnte, vertraute im Stollen Ruth ihr Baby an, damit sie zum Kochen und Windeln waschen heimgehen konnte.

Bei Bäcker Haiber arbeitete Paul, ein kriegsgefangener Franzose. Er wurde morgens zusammen mit anderen Gefangenen von einem deutschen Wachmann aus der Baracke hinter dem Liederkranzhaus abgeholt und am Abend wieder dorthin zurück gebracht.

Ruths Schwester Luzie hatte 1941 Konfirmation. Nachbarfrauen brachten als Geschenk Fett, Mehl oder Zucker, was sie gerade hergeben konnten, damit Luzie einen Festtagskuchen bekam. Der Nachbar, Herr Kümmerle, stiftete sogar einen Stallhasen für ein richtiges Festessen. Auch später, bei Ruths Konfirmation gab's Hasenbraten vom Nachbarn Kümmerle. Der Franzose Paul zauberte in Haibers Backstube aus den geschenkten Zutaten eine Torte und verzierte sie wunderschön. Er sagte zu Luzie: „Das mache ich nicht für Hitlermädchen", also nicht für sie, sondern für ihre Mama, die so viel Arbeit hat.

Luzie hatte üppige blonde Haare, und bei Kriegsende und in der Zeit danach hatte man Angst um junge Mädchen. In Bietigheim gab es einige Vergewaltigungen. Um Luzie zu schützen, steckte die Mutter sie in eine alte Kittelschürze, band ihr das Haar mit dem schwarzen Dreiecktuch zu, das zur Jungmädeluniform mit einem braunen Lederknoten getragen wurde. So ausstaffiert versteckte man sie im Kohlenkeller zusammen mit ihrem ge-

Ruth Frey als Konfirmandin.
(Herkunft: Ruth Mayer)

Die Bäckerei Haiber in der Bahnhofstraße in den 20er Jahren.
(Ausschnitt aus einer Postkarte: Photo-Werkstätte Alfred Elsässer, Stuttgart. Herkunft: Stadtarchiv Bietigheim-Bissingen)

liebten Berchtesgadener Jäckchen, damals ihr größter Schatz. Wie lange Ruths Schwester im Kohlenkeller bleiben musste, weiß Ruth nicht mehr. Wahrscheinlich wurde sie immer mal wieder versteckt.

Dann kam die Zeit, als Kriegsgefangene und Fremdarbeiter das Sagen hatten. In Gruppen zogen sie manchmal plündernd mit Rädern und Handwagen durch die Straßen. Die Bäckerei Baumann am Bietigheimer Bahnhof hatte jede Nacht 700 Brote gebacken, musste aber ihren Laden schließen, weil alles gestohlen wurde.

Es gab eine junge Frau namens Solange, eine Französin, dachten die Leute. Sie stammte aber wohl aus dem Elsass und war wie viele andere Menschen einfach von der Straße weg zur Arbeit zwangsverpflichtet worden. Diese Solange war mit Paul, dem Kriegsgefangenen Franzosen von Haibers befreundet, und beide kannten auch René gut, einen Kriegsgefangenen, der bei der Firma Knorr arbeitete.

Eines Tages stand Frau Jung, die direkt unter der Sirene in Haibers Haus wohnte, mit ihrer alten Schwiegermutter und ihren drei kleinen Kindern vor Haibers Backstube. Ruth und ihre Mutter kamen aus ihrem Haus, das nur ein paar Schritte von der Backstube entfernt war, als plötzlich französische Soldaten von der Bahnhofstraße her den Hof herab kamen mit aufgepflanztem Bajonett, um die Schulter hängender Munition und mit aufgeblähtem Selbstbewusstsein. Ruth erzählte: „Mir zitterten die Knie!" Es war nämlich die erste Begegnung mit dem feindlichen Militär. Die Soldaten holten das frisch gebackene Brot aus der Backstube und die Taschen aus Haibers Keller, in denen wichtige Papiere, Schmuck und Kleidung verstaut waren. Die Kinder von Frau Jung hatten Rucksäckchen auf dem Rücken, die Notrationen zum Essen, Kleidung und Spielzeug enthielten. Die Franzosen, leerten den ganzen Inhalt auf den Boden vor der Backstube und durchstöberten mit dem Bajonett diese harmlosen Dinge.

René, Paul und Solange kamen dazu, beruhigten ihre Landsleuten und versicherten, dass hier nichts Lohnendes zu finden sei. Daraufhin zogen die Militärs mit ihrer Beute ab.

Einmal kamen René und Solange zu Paul mit einem großen Sack voller Schuhe, die sie bei Schuh-Fritz ergattert hatten. Auch Ruth durfte nach etwas Passendem stöbern, aber es passte nichts. Mit ihren 13 Jahren war Ruth relativ klein und zierlich, aber sie hätte sehr gerne ein paar Lederschuhe gehabt. Da machte sich Solange nochmals auf den Weg zu Schuh-Fritz und brachte ein paar Stiefelchen für Ruth, die prima passten. Das hat Ruth nie vergessen. Natürlich waren auch aus lauter Raffgier einzelne Schuhe gestohlen worden, mit denen niemand etwas anfangen konnte. Sie wurden einfach weggeworfen.

Bei der Firma Schuh-Fritz wurden damals vornehmlich von ehemaligen Zwangsarbeitern Schuhe für etwa eine Million Mark gestohlen. Der Bietigheimer Bürgermeister Otto Schneider wollte dem Einhalt gebieten, es wurde ihm aber ein Gewehrlauf vor die Brust gehalten und er musste der Waffengewalt weichen.

In der Bäckerei und Gastwirtschaft Nägele in der Löchgauer Straße in Bietigheim war vorübergehend die Französische Kommandantur einquartiert. Die Besatzungstruppen stahlen bei Frau Mayer in Bietigheim in der Neuen Straße 3 (heute Neuweiler Straße 4) eine Gans. Die musste Frau Nägele rupfen, ausnehmen und braten. Die bestohlene Frau Mayer wurde viel später Ruths Schwiegermutter.

Nach dem Krieg, Ruth war etwa 14 Jahre alt, wurde sie von einer Freundin und ihrem Freund zum Abi-Ball nach Eglosheim eingeladen. Aus einem gefärbten Betttuch nähte ihr eine Nachbarin ein Kleid, aus einem Kopfkissenbezug entstand ein weißer Kragen mit Volant und weiße Ärmelaufschläge. Natürlich

Die Firma „Schuh-Fritz" im Laiern beim Bahnhof. (Aufnahme aus den 30er Jahren, Herkunft: Stadtarchiv Bietigheim-Bissingen)

wollte Ruth nicht mit leeren Händen kommen. Aus Mehl, gemischt mit gemahlenem Kathreinerkaffee, wenig Ei und wenig Zucker backte ihre Mutter eine Art Bisquit. Nach dem Auskühlen wurde der Kuchen waagerecht durchgeschnitten und mit einer Magermilchcreme gefüllt. Die restliche Creme strich Ruths Mutter über die fertige „Torte" und als Krönung streute sie geröstete Haferflocken über das Kunstwerk. Mit der „Torte" in den Händen machte sich Ruth gemeinsam mit den anderen jungen Leuten zu Fuß auf den Weg nach Eglosheim. Ruth wurde richtig belagert von der männlichen Abi-Jugend, denn der Kuchen schmeckte köstlich, und obwohl sie noch nicht so groß wie die Abiturientinnen war, hat sie wie alle anderen die Nacht durchgetanzt. Gegen morgen ging Ruth mit ihren Freunden zu Fuß zurück nach Bissingen. Dieser Tag bleibt eine ihrer schönsten Jugenderinnerungen.

Stollen in der Brandhalde

Der neuangelegte Stollen im Brandhaldewald war bei Alarm Zuflucht vieler Bewohner der Parzelle Bahnhof. Die Firma Greiner hatte in den mit Bäumen bewachsenen Hang drei Gänge gesprengt, die ziemlich weit hinten mit einem Quergang verbunden waren. Frauen mussten mit Lorewagen das gesprengte Gestein wegfahren, bergauf zum damaligen Schuttplatz, manchmal auch sonntags. Ein Teil des Schotters wurde gleich an Ort und Stelle in die drei Gänge gekippt, damit die Gleise der Loren draufgelegt werden konnten. Am Haupteingang waren dicke Bohlenbretter als Splitterschutz angebracht, Türe gab es keine. Neben den Gleisen stand rechts und links Wasser, das von den Wänden tropfte.

In der einen Hand die übliche Tasche mit dem Wichtigsten, in der anderen Hand eine Taschenlampe (wenn man eine hatte), so begab man sich bei Alarm erst durch den Wald, dann über Schotter, Wasser und Gleise nach hinten bis zum Quergang, wo fast jeder einen Stammplatz hatte. Liegestühle oder andere Sitzgelegenheiten warteten auf ihre Eigentümer. Taschenlampe oder Kerze durfte erst hinten im Quergang angemacht werden, es war ja Verdunkelungspflicht, und beim kleinsten Lichtschein schrie bestimmt gleich jemand „Licht aus!"

Im März oder April 1945 lebten einige Leute Tag und Nacht im Stollen. Die Mutigen holten bei Nacht von zu Hause etwas Essbares. Noch Mutigere blieben in ihren Häusern, in die sich zum Teil deutsche Soldaten einquartiert hatten. Sie spähten von hier aus nach Bietigheim und Metterzimmern jenseits der Enz, wo sich bereits französisches Militär aufhielt. Beim Rückzug der deutschen Truppen tauchte einmal ein junger Leutnant beim Stollen auf und machte den Leuten Angst: „Da drin habt ihr keine Chance! Wenn die Amis oder die Franzosen kommen, schießen die mit Flammenwerfern in diese Gänge."

Die Angst steigerte sich als Motorgeräusche feindlicher Fahrzeuge von Bietigheim her zu hören waren. Der Vormarsch wurde jedoch zunächst von der Enz und den gesprengten Brücken aufgehalten. Nun machten sich die meisten der noch verbliebenen Menschen im Stollen auf den Heimweg, um nach Haus und Wohnung zu sehen. Sie wollten ihr Eigentum nicht einfach im Stich lassen. Es gab zu dieser Zeit keinen Fliegeralarm mehr, und das Gefühl, von oben keine Gefahr erwarten zu müssen, war eine große Erleichterung.

Als nach einigen Tagen eine Brücke in Bietigheim wieder befahrbar war, bewegten sich die französischen Kolonnen schnell in Richtung Ludwigsburg weiter.

Mein Vater war Schwerstarbeiter

Ilse Blum (geb. Wachter), Jahrgang 1933

Etwa 1940 musste mein Vater zu den Soldaten einrücken, die Sammelstelle war in Untermberg. Da habe ich meine Mutter zum ersten Mal weinen sehen. Allerdings kam er bald wieder zurück, denn er war als Heizer bei der Firma Schmirgel-Elbe unabkömmlich. Auch später musste er nicht mehr zum Militär, aber in seiner Freizeit hat er mitgeholfen beim Stollenbau in der Brandhalde.

Mein Vater arbeitete täglich 12 Stunden, von morgens 6 Uhr bis abends 6 Uhr, oder von abends 6 Uhr bis morgens 6 Uhr. Wenn er Nachtschicht hatte, musste ich ihm abends um 10 Uhr das Essen bringen. Er kam dann ans Tor und nahm es in Empfang, hinein gehen durfte ich nicht. Der Hin- und Rückweg bei Nacht war für mich mit meinen 9 Jahren damals etwas Selbstverständliches und es ist auch nie etwas passiert. Bei den Lebensmittelkarten bekam mein Vater Schwerstarbeiterzulage, weil er so viel arbeiten musste.

Als wir uns einmal bei Alarm auf den Weg zum Stollen machten, setzte sich meine Mutter plötzlich auf das Bänkle im Wald und sagte zu mir: „Geh du weiter, ich kann nicht mehr, ich bin alt und nicht mehr so wichtig."

Zu der Zeit als ich in die Forsthausschule beim Bietigheimer Enzsteg ging, rannte ich bei Alarm mit einigen Mitschülerinnen in den Luftschutzraum unterhalb der katholischen Kirche. Einmal, als schon Bomben auf das Viadukt fielen, legten wir uns eng an die Mauer vom Enzsteg.

Im April 1945 war ich mit meiner Mutter Tag und Nacht im Stollen in der Brandhalde, wie man das Wäldchen kurz nannte, etwa 10 Tage lang. Ich erinnere mich, dass mein Vater uns einmal einen Eintopf zum Essen brachte. Er selbst war bei der Feuerwehr und ging bei Alarm in den sogenannten Feuerwehrbunker auf dem Gelände des Enzgauwerks (später Neckarwerke).

Blick auf die Schmirgelwarenfabrik Elbe (rechts) am Bietigheimer Bahnhof: im Vordergrund ist das Gelände der Gärtnerei Grimm zu sehen.
(Aufnahme um 1930 Firma Metz, Tübingen. Herkunft: Haus der Geschichte Baden-Württemberg, Stuttgart)

Arbeitsdienst

Margarete Hengel, Jahrgang 1924

Margarete Hengels Vater arbeitete in der Ölfabrik auf der Parzelle in Bissingen bei Dr. Denk. Sie selbst besuchte 1940/41 die Privathandelsschule Zimmermann in Stuttgart und arbeitete anschließend bei der Firma Fink in Asperg. Am 3. Nov. 1942, gerade 18 Jahre alt, wurde sie zum Arbeitsdienst eingezogen nach Stuhlfelden bei Zell am See. Ihre Wäsche und ein paar Schuhe hatte sie in einem Koffer. In einem Schloss war sie zusammen mit Mädchen aus Frankreich und Bulgarien einquartiert. Die Maiden, wie man sie nannte, hatten 3 Monate Innendienst im Schloss und 2 Monate Außendienst bei Bauern. Was sie sehr ungewöhnlich fand und ihr deshalb besonders in Erinnerung blieb, war, dass die Bauersleute alle aus einer Schüssel aßen und am Schluss das Besteck am Tischtuch abwischten.

1943 kam sie zum Kriegshilfsdienst nach Hohenems bei Dornbirn, wo sie in einer Wäschefabrik Soldatenhemden nähen musste. Nach etwa einem halben Jahr, am 29. Okt. 1943, wurde sie entlassen und bekam bei der Firma Fink ihren alten Arbeitsplatz.

Nachdem sie sich wieder einigermaßen eingelebt hatte, wurde sie am 26. Okt. 1944 zum Militär einberufen. Wie gewöhnliche Soldaten wurde sie von Ärzten in Uniform „gemustert". Sie trug noch immer ihre Arbeitsdienstuniform und war Arbeitsdienstführerinnen unterstellt. Einen grauen Militärmantel gab man ihr in Zirndorf bei Nürnberg beim Einkleiden, ebenfalls einen Schlafanzug und schwarze Strümpfe, die mit braunem Garn geflickt

Margarete Hengel
(Herkunft: Margarete Hengel)

waren. Solche Strümpfe zu tragen war ihr sehr peinlich, deshalb strich sie das Braungeflickte mit schwarzer Schuhkreme an, damit es nicht so auffiel.

Von dort schickte man sie nach Sulzbach bei Frankfurt am Main, wo sie zusammen mit anderen Mädchen am Scheinwerfer und am Richtgerät ausgebildet wurde. Anschließend kam sie zu einer Flak-Stellung, aber nicht zum Schießen an der Fliegerabwehrkanone, sondern um die Suchscheinwerfer zu bedienen, die den Himmel beleuchteten.

20 bis 30 Mädchen waren im Saal vom Gasthaus Post untergebracht. Später hausten sie in Baracken auf freiem Feld, über die oft Ratten liefen. Mit einem Mädchen aus Karlsruhe freundete sie sich an. „Wenn ich diese Anne nicht gehabt hätte", sagte Margarete später, „wäre ich vor Heimweh gestorben, sie hat mich immer wieder aufgemuntert."

Margarete trug Asbesthandschuhe und hatte die Aufgabe, die glühende Kohle am Scheinwerfer auszuwechseln. Zum Glück kam es nicht dazu, solange sie dort Dienst tat, da der Himmel immer wolkig und bedeckt war. Sie konnten nicht leuchten. Die Mädchen hatten Angst und manche weinten, wenn die Flieger mit ihrer Bombenlast über sie hinwegflogen.

Als Margarete im März 1945 entlassen wurde, machte sie sich zu Fuß auf den Heimweg. Deutsche Soldaten in Militärautos nahmen sie bis Bebra mit, wo sie einen Zug erwischte, mit dem sie bis nach Erfurt kam. Dort übernachtete sie im Wehrmachtwartesaal des Bahnhofs. Ihren Koffer hat sie nie wieder gesehen, er war einfach unauffindbar. Mit Lastautos kam sie über Nürnberg, Ansbach und Aalen bis Fellbach bei Stuttgart. Von da konnte sie mit dem Zug bis Bietigheim fahren. Das war im März oder April 1945. Daheim wurde sie hocherfreut von der Familie begrüßt. Endlich war sie zu Hause. Hunger und ein großes Bedürfnis, sich zu waschen hatte sie mitgebracht, aber erst einmal saß sie nur da und weinte vor Freude.

Ansicht Bissingens um 1940 mit der am Kriegsende 1945 gesprengten Enzbrücke, dem Wehr der Rommelmühle und dem Gänsegarten an der Enz.
(Postkarte: Graphische Kunst- und Verlagsanstalt A. Weber & Co. Stuttgart.
Herkunft: Else Rosemann)

Die Konfirmation

Inge Schneider geb. Bader, Jahrgang 1928

Meiner Großmutter Friederike Berner gehörte die Gastwirtschaft „Zum Güterbahnhof" auf der Parzelle Bahnhof in Bissingen, die einst da stand, wo heute das Hotel Otterbach steht. Familie Otterbach kaufte das Haus von Friederike Berner. Im Garten, nah an der Straße, stand der Ausstellungsstand der Hutmacherin Emma Berner, einer Tante von mir. Sie hat bestimmt viele Frauen der Parzelle mit Hüten ausgestattet.

Als ich älter war, kam ich auf den Knopfhof in Mosbach, den die Schwester meiner Großmutter in Erbpacht hatte. Gerne war ich dort nicht, weil es mir schwer fiel, Befehlen zu gehorchen, ich teilte sie lieber selber aus.

Anschließend war ich in der Robert-Franck-Schule in Ludwigsburg, aber von dort zog es mich weg zum Landdienst nach Blaufelden bei Crailsheim. Dort war ich ein halbes Jahr mehr oder weniger gern. Später ging ich in die Zepf'sche private kaufmännische Berufsschule in Stuttgart in der Paulinenstraße.

Eines nachts wurde Stuttgart bombardiert, und als meine Mitschülerinnen und ich morgens dort ankamen, standen wir vor einem großen Trichter in der Erde. Eine Luftmine hatte die Schule weggefegt. Ein Lehrer kam dazu und führte uns in die Lerchenrainschule nach Heslach. Auch dort waren die Fenster zertrümmert und es war Herbst und kalt.

Ich wurde zum Kriegshilfsdienst eingezogen und arbeitete bei der Firma Grotz in Bissingen in der Werkzeugausgabe, wo ich alle

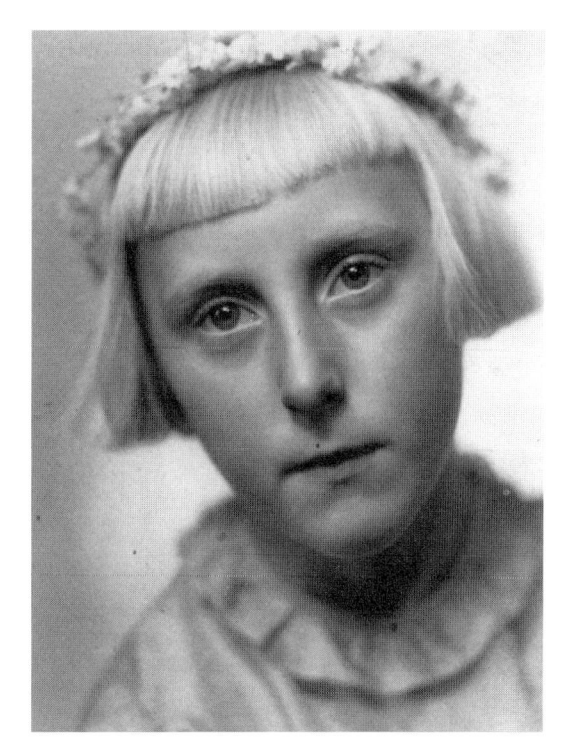

Inge Bader
(Herkunft: Inge Schneider)

Beschäftigten mit ihrem Namen kannte. Dort war ich, bis das Werk geschlossen wurde.

Hinter dem Liederkranzhaus gab es einen Luftschutzstollen. Er lag unserer damaligen Wohnung genau gegenüber. Da war es bei Alarm nicht weit, uns in Sicherheit zu bringen. Man saß auf Holzkistchen, über die eine Decke gelegt wurde. Mit Vorliebe habe ich dort manche Stunde mit der Lektüre von Courths-Mahler und Gerd Rotberg zugebracht.

Ein Nachbarmädchen hatte mir das Lied „Fern im Süd das schöne Spanien" vorgesungen. Das gefiel mir sehr und spukte mir oft im Kopf herum.

Das Gasthaus zum Güterbahnhof während des 1. Weltkriegs: vorne steht mit weißer Schürze die Mutter von Inge Bader, daneben einquartierte Soldaten. (Herkunft: Inge Schneider)

Mein kleiner Bruder Volker, etwa 4 Jahre alt, war natürlich auch mit im Stollen. Er erzählte Frau Steinmetz das Märchen vom Rotkäppchen auf seine eigene Weise: Es hätte ein rotes Käppchen gehabt und in seinem Korb Kuchen und Wein. Da begegnete es dem Wolf. Der fragte das Rotkäppchen, „wohin gehst du, was machst du?" Das Rotkäppchen erwiderte, „ich gehe zu meiner Großmutter, aber ich kann mich nicht bei dir aufhalten, ich muss weiter, falls Fliegeralarm kommt".

Als ich noch in Bissingen in die Heydschule ging, planten meine Mitschülerinnen und ich am 15. März 1942 unsere Konfirmation. Am selben Tag war von der NSDAP ein Aufmarsch befohlen, bei dem man nicht fehlen durfte. Er war von höchster Stelle angesagt. Nun steckten wir Mädchen in der Klemme. Unseren Festtag wollten wir uns nicht nehmen lassen. Mit dem ganzen Mut, den wir aufbringen konnten, trafen wir uns vor dem Haus des Ortsgruppenleiters Rauleder und protestierten lautstark. Zur damaligen Zeit war so etwas nicht ungefährlich. Schließlich kam Herr Rauleder aus seinem Haus und hörte sich an, was wir zu sagen hatten.

Nach einigem Hin und Her sagte er: „Dann feiert halt euere Konfirmation und bleibt dem Aufmarsch fern, aber jetzt verschwindet wieder."

BRIEFTRÄGERIN

Lotte Schmid, Jahrgang 1920

Lotte Schmid kam im Alter von sieben Jahren mit ihrer Familie von Unterriexingen nach Bissingen, wo sie dann in die Heydschule ging. Schon als ganz junges Mädchen war sie bei Familie Dahlheiser im Haushalt beschäftigt, bis zu ihrem achtzehnten Lebensjahr. Mit 19 Jahren begann sie bei der Firma Tuben-Kienzle in Bietigheim zu arbeiten. 1941 ging sie dann zur Post und wurde Briefträgerin. An-

Jahnstraße 29 vor der Sanierung: hier war vor dem 2. Weltkrieg die Post im Gasthof Haueisen untergebracht.
(aufgenommen 1985, Benning/Stadtarchiv Bietigheim-Bissingen)

fangs kam die Post von Bietigheim mit einem Pferdefuhrwerk zum Gasthof Haueisen nach Bissingen, das Gasthaus war gleichzeitig die Poststelle. Später wurden die Pferdefuhrwerke abgeschafft und junge Mädchen übernahmen diese Aufgabe. Post, die in Bissingen eingeworfen wurde, mussten Lotte und zwei andere Mädchen mit dem Fahrrad am Bietigheimer Bahnhof abliefern. Auf dem Rückweg nahmen sie die Post für Bissingen mit. „Manche Leute warteten sehnsüchtig auf einen Feldpostbrief von Angehörigen", erzählt Lotte, „und wir Briefträgerinnen gaben oft schon auf unserem Rückweg von Bietigheim Briefe an die Bissinger ab, die wir gut kannten, obwohl wir das eigentlich nicht durften."

Lotte Schmid als Rotkreuzhelferin.
(Herkunft: Lotte Schmid)

Lotte Schmid mit ihrem im 2. Weltkrieg gefallenen Verlobten Fritz Mettenleitner. (Herkunft: Lotte Schmid)

In den letzten Kriegsmonaten wurde Lotte Mitglied beim „Roten Kreuz" und half zeitweise Dr. Steinecke in seiner Praxis im Haus von Schuhmacher Maier im „neuen Viertel" auf der Parzelle. Bis 1945 arbeitete Lotte bei der Post. Als die Männer nach und nach wieder aus dem Krieg zurückkamen, wurden die Mädchen entlassen.

Die Besatzungssoldaten in den beschlagnahmten Häusern in Bissingen verlangten von den jungen Mädchen und Frauen, dort zu putzen und zu servieren. Damit sie diese Arbeit nicht machen musste, hielt sich Lotte vorübergehend bei ihrer Großmutter in Unterriexingen auf.

Zusammen mit Anita Weil half Lotte nach dem Krieg bei den Reihenuntersuchungen im Liederkranzhaus.

Lotte war mit Fritz Mettenleitner aus Backnang verlobt. Er wurde als vermisst gemeldet. Erst 1948 hat sie erfahren, dass er gefallen war.

FLIEGERALARM

Rosemarie Gerst, geb. Nöscher, Jahrgang 1927

Bei einem Angriff auf das Bietigheimer Viadukt wurde mal wieder zu spät Alarm gegeben, und die Leute, die in den Brandhaldewald rannten, warfen sich Deckung suchend hinter Bäume.

Die Marauder oder die Jagdbomber Hurrikans, jedenfalls die mit ihrem roten Leitwerk, flogen von der Bietigheimer Seite her an, warfen ihre Bomben am Viadukt ab und zogen über uns wieder hoch. Wir sahen sie direkt auf uns zukommen, so, als wollten sie uns ins Gesicht fliegen, ehe sie nach oben rasten. Ich lag auf Frau Nestele hinter einem nicht sehr dicken Buchenstamm. Wenn die Flieger damals auf uns geschossen hätten, wäre unsere Überlebenschance gering gewesen. Nach der Entwarnung stöhnte Frau Nestele voller Ärger: „Oh je, ich habe mich in die Hundescheiße reingelegt."

Wenn es uns bei Alarm nicht mehr in den Stollen reichte, blieben wir im Haus. Meine Eltern hatten unseren sehr tiefen Keller für längere Aufenthalte eingerichtet, sogar mit einem Bett aus einer alten großen Matratze. Manchmal waren bei Alarm auch Nachbarn da. An Christian und Anna Schwemmer erinnere ich mich noch gut.

Unsere Haustüre mussten wir bei Alarm offen lassen, damit jederzeit Leute von der Straße Schutz suchen konnten.

Als ich an einem Sonntag mit Freundinnen einen kleinen Ausflug zur Friedenseiche machte, relativ weit weg von der Parzelle Bahnhof, gab es Alarm und wir stellten uns unter die Bäume. Wir konnten sehen, wie in der Nähe des Bietigheimer Bahnhofs Bomben abgeworfen wurden und natürlich befürchteten alle, dass es auch die Parzelle getroffen haben könnte.

Als ich nach der Entwarnung heim kam, waren unsere Fenster teilweise mit Pappe und mit einem alten, großen Ofenblech zugenagelt. Bei Zieglers, ganz in unserer Nähe, war eine Luftmine runtergegangen, die glücklicher Weise nicht explodiert war, sie hatte aber an Zieglers Haus die Veranda weggerissen und die Fenster in der Nachbarschaft beschädigt.

Meine jüngere Schwester arbeitete damals als Pflichtjahrmädchen in der Kinderheilanstalt in Ludwigsburg, zusammen mit Gertrud Fürderer, die auch in Bissingen wohnte.

Haus Nöscher, Karlstr. 15 um 1914.
(Herkunft: Rosemarie Gerst)

Rosemarie Nöscher ca. 1943 in der Karlstraße, rechts ist der Garten der Villa Ziegler, links das Haus Ulmer zu sehen.
(Herkunft: Rosemarie Gerst)

Villa Ziegler (Bahnhofstraße 143) um 1910. Das Haus ist inzwischen umgebaut und gehört heute zum Hotel Enztal.
(Herkunft: Stadtarchiv Bietigheim-Bissingen)

Bei Alarm mussten sie die behinderten kranken Kinder aus den Betten holen, anziehen und in den Keller bringen, bei Entwarnung brachten sie alle wieder ins Bett. Das alles oft zwei mal in einer Nacht. Am 5. April 1945 kam meine Schwester nach Hause, aber am 25. April musste sie wieder zurück in die Kinderheilanstalt, zur Krankenvorbereitung und Sicherung, wie das damals genannt wurde.

Als ich dann Dauerbesucher im Stollen in der Brandhalde war, trennte ich eine uralte schwarze Strickjacke auf, spannte die Wolle später zu Hause auf Brettchen und machte sie nass. Nach dem Trocknen ließ sie sich ganz leicht zu einem Pulli verstricken. Lange dünne Verbandmullbinden haben manche junge Mädchen der Länge nach durchgeschnitten und dann zu Jacken verstrickt. Watte wurde gesponnen wie Schafwolle, von Frauen die das konnten, und ebenfalls verstrickt, aber eigentlich war das verboten.

Unterwegs bei Alarm
Gertrud Geyer geb. Hengel, Jahrgang 1932

Ich ging nach Bietigheim aufs Gymnasium[6], zusammen mit anderen Bissinger Kindern. Bei Voralarm wurden wir Kinder nach Hause geschickt, aber wir hatten einen weiten Schulweg. Wie hätten wir rasch von der Bietigheimer Altstadt bis in die Rosenstraße in Bissingen kommen sollen? Im Ernstfall mussten wir einen Schutzraum aufsuchen.

Einmal war bei einem Angriff auf das Viadukt Vollalarm gegeben worden, als Erich Eppler und ich gerade bis zum Enzsteg gekommen waren.

In den Stollen unterhalb der Laurentiuskirche würde es uns nicht mehr reichen. Wir rannten deshalb ins Blumenhaus Gerst an der Ecke Enzstegweg Bahnhofstraße und gingen dort in den Keller.

Das Blumenhaus war ein kleiner, flacher Bau mit zwei Schaufenstern vom Boden bis zur Decke. Als dann Bomben aufs Viadukt fielen, mussten natürlich bei dieser Nähe die Scheiben bersten. Nach der Entwarnung lagen überall Glasscherben, aber wir kamen mit dem Schrecken davon und machten uns erleichtert auf den Heimweg.

[6] Damals war das Bietigheimer Gymnasium noch in der Altstadt, in der sogenannten „Alten Oberschule" (Lateinschule) untergebracht.

Postkarte mit dem 1929 neu gebauten Enzsteg in Bietigheim und der alten Laurentiuskirche (1955 durch einen Neubau ersetzt) im Hintergrund. Am anderen Ende des Enzstegs, unterhalb der Laurentiuskirche war ein Luftschutzstollen für die Bewohner der unteren Altstadt und der Gaishalde, er existiert heute noch. (Fotograf: Otto Schick, Herkunft: Rosemarie Gerst)

Seit 1931 hatte Gärtner Gerst einen Verkaufspavillon an der Bahnhofstraße direkt am Enzsteg. Hier auf einer Aufnahme aus den 30er Jahren, anlässlich einer Straßensammlung von Rotkreuzschwestern, im Hintergrund zu sehen. (Herkunft: Stadtarchiv Bietigheim-Bissingen)

Die Rommelmühle ca. 1960. (Aufnahme: Westdeutscher Luftfoto Bremen, Herkunft: Klothilde Pilz)

CARL ROMMEL

Horst Eberle, geb. 1932 in Bissingen.

Horst hatte schon mit 15 Jahren in der Mühle gearbeitet. Sein Großvater Friedrich Krauß war der erste Kutscher und der erste Chauffeur bei Carl Rommel gewesen, bis später Herr Schroth kam.

Bei Alarm benutzten Carl Rommel, der Besitzer der Mühle in Bissingen, und seine Schwester Frau Übelmesser den Stollen in den Weinbergen auf Untermberger Seite. Diesen Schutzraum erreichte man rasch über den Steg bei der Mühle. Manchmal waren 100 Leute im Stollen, aber Herr Rommel und seine Schwester hatten feste Plätze.

Nachdem der Steg gesprengt wurde und damit der Stollen nicht mehr zu erreichen war, konnten Herr Rommel und Frau Übelmesser bei Alarm den Militärbunker aufsuchen, der

Mühlenbesitzer Carl Rommel (1885–1953). (Aufnahme ca. 30er Jahre, Herkunft: Stadtarchiv Bietigheim-Bissingen)

denn er nahm Herrn Rommel und Frau Übelmesser mit zu sich nach Hause, wo seine Frau Maria Betten richtete für den hohen Besuch und die Gäste tagelang bis zur Besetzung Bissingens bekochte. Wenn Alarm war, fragte Carl Rommel Maria Gerst, ob ihr Mann aufstehe, um in den Keller zu gehen. Als sie verneinte sagte er: „Dann bleibe ich auch liegen."

auf der östlichen Seite gleich neben der Mühle lag und den man heute noch sehen kann.

Eine alte Tante von Carl Rommel war aus Stuttgart gekommen und wohnte auch im Rommel-Haus. Sie ging weder in den Stollen noch in den Militärbunker. „Ich bin schon so alt, es ist egal, wenn mir etwas passiert", sagte sie.

1945 wollte Carl Rommel mit einem seiner Lastautos in die Schweiz fahren, wo er ein Appartement besaß und er sich in Sicherheit bringen konnte. Er fragte Horsts Großvater Friedrich Krauß, der in der Mühle beschäftigt war, ob er ihn fahren würde, natürlich könne er seine ganze Familie mitnehmen. Aber Friedrich Krauß wollte in Bissingen bleiben. So blieb Herrn Rommel mit seiner Schwester nichts weiter übrig, als auch weiterhin im Alarmfall diesen Militärbunker aufzusuchen.

Als eines Tages Adolf Gerst sen. nachsah, wie sein Chef zurecht kam, sagte dieser zu ihm: „Können Sie mit ansehen, wie wir hier kampieren?" Anscheinend konnte er es nicht,

Im Hof der Rommelmühle: links Frau Krauß, die Großmutter von Horst Eberle, Horst Eberle stehend in der Mitte. Das Foto entstand in den ersten Kriegsjahren (die Scheinwerfer der Lastwagen haben eine Abdeckung), warum die Lastwagen mit Blumen geschmückt sind, ist nicht bekannt.
(Herkunft: Maria Trostel)

Paul Martin, der Franzose

Es gab in Bissingen auch Familienbetriebe, die kriegsgefangene Franzosen beschäftigten. Einer dieser Franzosen hieß Paul Martin. Er stammte aus Toulouse und war ein tüchtiger Arbeiter. Er hat stets mit am Familientisch gegessen. Eine Tante der Familie, bei der er arbeitete, hat für alle die Wäsche gewaschen, auch für Paul, und wenn er zum Kohlen Ausladen eine frische, weiße Hose trug, schimpfte die Tante ihn tüchtig aus.

Die Frau des Chefs hatte im Sommer meistens Tee mit Zitrone bereit und Paul sagte zu ihr, „alle Schwiegermütter Lobadier (Lumpentier), aber Sie kein Lobadier."

Paul hatte in Friedenszeiten eine Bäckerei in Toulouse und war mit Therese verheiratet, nach der er sehr Heimweh hatte.

Morgens wurden die Kriegsgefangenen von dem Wachmann Julius von der Baracke hinter dem Liederkranzhaus abgeholt und abends zurückgebracht. Oft hatte der Franzose Gaston, der bei Layers arbeitete, zusammen mit Paul gewartet, bis Julius mit geschultertem Gewehr kam, um sie abzuholen. Einmal war dieser Julius ziemlich alkoholisiert und da hat sich Paul das Gewehr umgehängt und das Trüppchen Franzosen, in ihrer Mitte Julius, sicher bis zum Liederkranzhaus gebracht. Wahrscheinlich waren auch die Franzosen von der Bäckerei Haiber und der Firma Knorr dabei.

Eines Tages hat Paul das Heimweh so zugesetzt, dass er abgehauen ist. Er wollte heim zu Therese.

Der Wachmann Julius wurde strafversetzt nach Polen, wegen der Sache mit dem Gewehr, und Paul erging es ebenso, denn er wurde wieder gefasst.

Etwa 1949 bekam die Familie einen Brief von Paul in dem er schrieb, dass seine Flucht damals keine Undankbarkeit gewesen sei, er hätte es ja gut gehabt, es war halt Heimweh. Bald darauf hat er zusammen mit seiner Therese einen Besuch bei dieser Familie gemacht, bei der er so etwas wie Familienanschluss hatte. Es war ein nettes und erfreuliches Wiedersehen.

Russenfrauen

Erna Flammer geb. Kurz

Morgens in aller Frühe musste ich für Frau Kaul, die einen Lebensmittelladen auf der Parzelle in Bissingen hatte, mit Rad und Anhänger Brot holen bei der Bäckerei Baumann[7] am Bietigheimer Bahnhof. Ich war noch ein Schulmädchen und habe solche Gänge für Frau Kaul in meiner Freizeit erledigt.

Auf meinem Rückweg vom Bahnhof Bietigheim in Richtung Bissingen hörte ich plötzlich Flugzeuge, und da sah ich wie russische Frauen, die auf dem Güterbahnhof Waggons entladen mussten, über die Steinwand auf die Bahnhofstraße sprangen, dann über die Straße rannten bis runter zum Wobach, wo sie Schutz suchten vor den Tieffliegern. Eine der Frauen lag später im Gebüsch und hat geblutet. Ich fuhr so schnell ich konnte mit dem Rad und dem mit Brot beladenen Anhänger in Richtung Bissingen weiter. Ich hatte Angst, dass die Tiefflieger auch mich treffen könnten.

[7] Die Bäckerei Baumann befand sich im Doppelhaus in der Bietigheimer Bahnhofstraße 98/100 (später Stuttgarter Straße 98/100). Das Gebäude wurde 1998 abgebrochen, dort steht heute das Geschäftshaus Bahnhofsplatz 4.

Luftbild aus den 50er Jahren: vorne die Seifenfabrik Valan (ehemalige Bissinger Ölfabrik), in der Mitte die Bahnhofstraße, direkt rechts davon der Güterbahnhof; links der Bahnhofstraße verlief der Wobach in einem großen Bogen um den Acker (auf dem heute der Handelshof steht). (Aufnahme: Aero Express München, Herkunft: Stadtarchiv Bietigheim-Bissingen)

Bomben auf die Firma Stockburger

Rosemarie Gerst, Jahrgang 1927

Am 3. August 1944 proklamierte Goebbels zum zweiten Mal den totalen Krieg, u. a. konnte nicht mehr studiert werden. Damit war auch für mich das Studium vorläufig beendet. Da ich schon in den Semesterferien bei der Tubenfabrik Kienzle in Bietigheim am Fließband und im Akkord zur Arbeit dienstverpflichtet war und bei Alarm über den Bietigheimer Bahnhof nach Hause rannte, war ich froh, als die vier Wochen bei der Firma Kienzle zu Ende waren. Herr Kienzle fragte mich zwar persönlich, ob ich nicht noch bleiben wolle, aber die Nähe des Bietigheimer Bahnhofs war mir zu gefährlich.

Ab 9. Oktober 1944 stand ich bei der Firma Stockburger in der Parzelle Bissingen den ganzen Tag an einer Drehbank, um Messingbuchsen zu drehen, die 1/100 mm genau sein mussten. Es gefiel mir, wenn aus Rohlingen glänzende Teile wurden und über meine Tagesproduktion und ein Lob vom Meister war ich sehr stolz. Links von mir arbeitete ein kriegsgefangener Franzose und rechts eine russische Frau, die einen etwa 14-jährigen Sohn hatte, der auch im Betrieb beschäftigt war. Kontakte mit diesen Leuten waren nicht erlaubt. Man hatte gehört, dass in Löchgau Frauen zu 8 Monaten Zuchthaus verurteilt worden waren, weil sie Gefangenen Brot zugesteckt hatten.

Am 19. Februar 1945 stürmte unser Meister, Herr Heidelbauer, in den Betrieb, stellte mit dem Haupthebel alle Maschinen ab und schrie: „Schnell, schnell, alle in den Keller!" – aber drei Bomben waren schon gefallen. Zum Glück nicht auf das flache, langgezogene Gebäude, sondern unmittelbar daneben. Der russische Junge hatte im Freien beim Aufladen von Metallspänen geholfen. Die Metallspäne hatten wohl das Sonnenlicht reflektiert und so den einzelnen Flieger aufmerksam gemacht.

Geistesgegenwärtig warf sich der Junge auf den Boden und überlebte so. Nicht so die Tochter des Inhabers. Sie wurde im Wohnhaus neben der Fabrik von einem Splitter getroffen und starb im Arm ihres Mannes.

Der Lederriemen an meiner Drehbank, der über zwei Räder lief, war durchgeschossen.

Wir rannten ums Gebäude in den Raum unter der Fabrik, der nur von außen zu betreten war. Frau Stockburger, die Frau des Chefs, kniete auf dem Boden; sie hatte einen Herzanfall. Das Gesichtchen ihres drei- oder vierjährigen Enkelkindes war übersät mit Glassplittern. Ich sah seine angstgeweiteten Augen; es schrie erbärmlich.

50 Meter weiter hatte das Kleinkind von Musiker Deisser im Freien gespielt; es kam ebenfalls ums Leben.

Nie werde ich das Gefühl vergessen, als das Flugzeug zum zweiten Mal anflog. Dieses Ausgeliefertsein war entsetzlich und in Panik wäre ich gern weggelaufen. Die Angst drückte mich nieder, aber schon war das Flugzeug im Tiefflug über uns hinweggeflogen. Wahrscheinlich wollte der Pilot nur die Wirkung seiner Bomben sehen, er kam nicht wieder. Was mögen die Fremdarbeiter gedacht haben, als sie mit uns Deutschen Ängste ausstehen mussten durch ihre Verbündeten? Alarm war nicht gegeben worden oder erst, als es zu spät war.

An Arbeit war nicht mehr zu denken, und als endlich Entwarnung gegeben wurde, machte sich die ganze Belegschaft auf den Heimweg. In Windeseile hatte sich das Ereignis herumgesprochen, und meine Mutter kam in großer Aufregung angelaufen, sie dachte, ich sei tot. Als sie mich von weitem aus der Fabrik kommen sah, hielt sie sich an einem Gartenzaun fest und weinte vor Erleichterung. Mein letzter Arbeitstag war am 24. März 1945.

Etwas verwackelter Blick auf die Kreuzung Bahnhofstraße/Charlottenstraße in den 50er Jahren: vorne die Dächer des Güterbahnhofs, darüber das „Große" und das „Kleine Eisenbahnerhaus", gegenüber (in der Bildmitte) das „Gasthaus zum Güterbahnhof".
(Aufnahme: Aero Express München, Herkunft: Stadtarchiv Bietigheim-Bissingen)

Verschüttet im Nachbarhaus

Ewald K., Jahrgang 1929

An der Bahnhofstraße auf der Parzelle in Bissingen stand ein Doppelhaus gegenüber vom Gasthaus zum Güterbahnhof (heute Hotel Otterbach). Man nannte es das kleine Eisenbahnerhaus. Von ihm steht heute nur noch die Hälfte.

Die Männer der vier Familien, die dort wohnten, waren alle Eisenbahner.

In der Doppelhaushälfte, die nicht mehr steht, wohnten die Familien Dolch und Kallenberger.

Als es am 25. 3. 45 Fliegeralarm gab, ging Familie Kallenberger in den Stollen im Brandhaldewald, obwohl sie dort noch nie Unterschlupf gesucht hatten. Sie blieben meistens bei Alarm im Keller des Hauses.

Links das „Kleine Eisenbahnerhaus", von dem nach dem Bombenangriff am 25. 3. 1945 nur noch die Hälfte stehenblieb. Rechts ist das „Große Eisenbahnerhaus" zu sehen.
(Aufnahme 2007, Eisele/Stadtarchiv Bietigheim-Bissingen)

Das Ehepaar Kallenberger hatte mit ihrer Tochter Loni den Stollen im Wald erreicht. Von einem Luftschutzwart hörten sie, dass auf der Parzelle Bomben gefallen seien. Der Sohn war seit dem frühen Vormittag beim Dienst im Jungvolk.

Die Bomben galten bestimmt dem Bietigheimer Bahnhof, der nur einen Katzensprung von den ersten Häusern der Parzelle entfernt war, aber eine traf das kleine Eisenbahnerhaus und eine zweite riss ein großes Loch in die Straßenkreuzung Charlottenstraße/ Bahnhofstraße. Eine junge Frau aus Kassel, die vom Bahnhof kam und im Keller des Hauses Schutz gesucht hatte, war tot.

Frau Dolch erzählte, dass sie mit anderen Leuten vom Haus und aus der Nachbarschaft lange im Keller verschüttet gewesen sei, bis eine Öffnung aufgegraben war. Dr. Schmelzle, der auf der Parzelle Zahnarzt war, stieg zu den Verschütteten in den Keller und gab ihnen eine Spritze. Frau Dolch wollte ihre kleinen Kinder nicht allein lassen und wurde deshalb zuhause ärztlich betreut. Dr. Schmelzle entfernte ihr mit einer Pinzette aus der Kopfhaut Steinsplitter und Frau Kiemle wusch ihr das Blut ab.

Als Familie Kallenberger nach der Entwarnung vom Stollen zurück kam, sah sie mit Entsetzen, dass ihre Wohnung und die von Familie Dolch total beschädigt war, einfach eingestürzt. Wie froh waren sie, dass sie sich entschlossen hatten, in den Stollen zu gehen. Sie kamen dann für einige Zeit bei Verwandten in der Steigstraße und bei Frl. Martha Grotz unter, die sie ganz selbstverständlich bei sich aufgenommen hatten.

LUFTMINE
**Gerhard Geiger
(aufgeschrieben am 24. 2. 1984)**

In der Nacht vom 21. auf den 22. Februar 1944 wurde bei einem Luftangriff auf Stuttgart auch eine Luftmine auf das Gelände der Schleifmühle abgeworfen. Die Explosion erfolgte genau um 4 Uhr und 20 Minuten. Von der Druckwelle blieben die Uhren stehen.

Wenn die Sirenen Alarm gaben, standen wir alle auf und begaben uns in den Keller, der als Luftschutzkeller ausgebaut war: Mein Vater Gustav, meine Mutter Wilhelmine, meine Schwester Hanne, die Nachbarn Christian und Christina Brodt. Ich blieb meistens so lange wie möglich im Freien, um sehen zu können, was geschah. Wenn ich merkte, dass Bombeneinschläge näher kamen, rannte ich in unsere Küche, um die Fenster zu öffnen, damit sie nicht vom Luftdruck zerplatzten.

Da hörte ich den fürchterlichen Sirenenton einer Luftmine in der Größe einer Litfaßsäule mit ca. 1.000 bis 1.800 kg Sprengstoff. (Diese Luftminen hatten einen Blechmantel und waren von einem schaurigen Ton begleitet, der durch Leitbleche oder durch eine eingebaute Sirene zur Demoralisierung erzeugt wurde.)

Ich warf mich sofort unter den Küchentisch, presste den Mund zu und schützte mit den Händen meine Ohren. Die gewaltige Explosion hörte ich noch, dann war ich einige Minuten bewusstlos. Meine Schwester war es, die mich am Boden liegend fand. Sie war durch die Trümmer ins Haus geklettert, und als ich wieder zu mir kam, hörte ich ihren Freudenruf: „Er lebt noch!"

Die Glassplitter der geschlossenen Küchenfenster steckten überall in den Möbeln. Wie leicht hätten sie meinen Körper treffen können. Ich hatte Glück gehabt!

Im Haus sah es entsprechend aus: Türen und Fenster waren herausgerissen, das Dach abgedeckt und Balken zum Teil gebrochen. Das Haus war so beschädigt, dass man vom Wohnzimmer aus den Himmel sehen konnte.

*Das Wohnhaus der Familie Geiger in der Schleifmühle nach der Luftminenexplosion in der Nacht vom 21. auf den 22. Februar 1944.
(Herkunft: Gerhard Geiger)*

Das Wohnhaus Weller „Landhaus Waldesruhe", Gottlob-Grotz-Str. 71, auf einer Postkarte.
(Verlag A. Weber Co. Stuttgart, Herkunft: Stadtarchiv Bietigheim-Bissingen)

An dem Bombentrichter sah man, dass die Mine keine 40 Meter von unserem Haus explodiert war. Der Bombentrichter war sehr groß und musste später mit ca. 400 Kubikmeter Erde aufgefüllt werden. Im Haus und im Gelände war die Erde des Luftminentrichters verstreut. Ich hatte Erde in den Haaren.

Der Luftdruck der Bombe war so stark gewesen, dass noch in der etwa 2 km entfernten Rommelmühle viele Fensterscheiben zu Bruch gegangen waren. Ein großer Bombensplitter, etwa 2 Meter hoch, wird aufbewahrt.

Meine Schwester und ich machten damals eine Schadensbesichtigung. Dabei hatten wir ein großes Glücksgefühl, dass wir noch lebten und wir waren froh, dass das Haus nicht abgebrannt war, wenn es auch schwer beschädigt wurde.

Wir lebten in der Folgezeit einige Wochen im Untergeschoss unseres Hauses, wo es nur Fensterschäden gegeben hatte. Bereits im Juni aber war unser Haus wieder soweit hergerichtet, dass man darin wohnen konnte, doch es blieben unwiederbringliche Verluste: Die schönen bunten Glasfenster im Erker des Wohnzimmers gab's nicht mehr und der römische Ziegelstein mit Stempel sowie der Bronzering aus dem Keltengrab waren verloren.

Außer der Luftmine wurden noch hunderte Brandbomben abgeworfen, hauptsächlich Stabbrandbomben ca. 60 mm Achtkant aus Magnesium, aber auch größere Phosphorbrandbomben. Unser Haus wurde von keiner direkt getroffen, aber im Wellerhof, nicht weit weg von uns, durchschlug eine Brandbombe das Dach und die Decke und lag im Zimmer. Herr Weller warf sie mit einer Schaufel aus dem Fenster. Eine andere Brandbombe fiel in den Hofraum bei Wellers Haus. Diese hatte wie ca. 10 % aller Brandbomben einen Explosionssatz, ähnlich einer Handgranate.

Er sollte den Löschvorgang gefährlich machen. Splitter dieser Bombe haben bei Wellers das Scheunentor durch geschlagen.

Die letzten Schäden an unserem Haus wurden erst beim Umbau 1977/78 beseitigt. Zur Stabilisierung des aus den Zapfen gerissenen Gebälks musste ein Stahlkorsett eingezogen werden. Der aufgefüllte Bombentrichter verursacht jetzt noch Setzungsrisse am Fabrikgebäude.

Brandbomben löschen

Hermann D.

Bei einem Tieffliegerangriff auf den Bietigheimer Bahnhof in den ersten Apriltagen 1945 wurde auch die Holzhandlung Brodbeck[8] auf der Parzelle in Bissingen getroffen und von Stabbrandbomben in Flammen gesetzt. Sie brannte sofort lichterloh, und alle Löschversuche waren bei der Wucht des Feuers vergebens.

Einige der abgeworfenen Stabbrandbomben fielen auch auf die weitere Umgebung. So wurde auch das Gebäude „Gasthaus zum Güterbahnhof" (heute Hotel Otterbach) getroffen. Dank der Vorsorge des schon vor längerer Zeit verstorbenen Hausbesitzers, er hatte in den Bühnenräumen Sand und Wasser bereit gestellt, konnten die Brandkuchen durch einen damaligen Mitbewohner erstickt und gelöscht werden. Kurzzeitig wurde er dabei von einer zu Besuch weilenden Frau unterstützt.

Eine der sechseckigen Stabbrandbomben lag in einem Nebenraum und hatte sich nicht entzündet. Sie konnte durch ein geöffnetes Fenster in den Garten geworfen werden und explodierte dort, ohne größeren Schaden anzurichten.

[8] Die Holzhandlung Brodbeck befand sich auf dem Gelände hinter der Ölfabrik, ungefähr da, wo heute das Gelände der Firma Brennstoffe Willi Weller in der Carl-Benz-Straße ist.

Von Granatsplittern verletzt

Hilde Dautel geb. Eberhard

1925 in Blaubeuren geboren, war Hilde 1933 mit ihrer Familie nach Bissingen gezogen und ging hier in die Schillerschule. Bei Kriegsbeginn war sie 14 Jahre alt. 1939 wurde ihr Bruder Manfred geboren, und Hilde durfte die Schule 8 Tage früher verlassen, damit sie ihrer Mutter helfen konnte. 1942 hat sie bei der Firma Bleyle in Ludwigsburg Nähen gelernt und dort Fallschirme und Uniformen genäht bis 1945.

Ab März 1945 kamen oft Tiefflieger, und es gab keine rechte Zugverbindung mehr, deshalb gab sie ihre Arbeit bei der Firma Bleyle auf. Hilde erzählte, dass einmal ein Tiefflieger so niedrig über die Firma Kurz[9] flog, neben der sie mit ihrer Familie wohnte, dass sie vom Küchenfenster aus den Piloten im Flugzeug sitzen sah.

Am 20. April 1945 stand Hilde auf dem Hof beim Haus und hatte ihren halbjährigen kleinen Bruder Reinhold auf dem Arm. Die deutschen Soldaten schossen von Asperg aus in Richtung Bietigheim und Bissingen auf die Franzosen, die Bietigheim schon besetzt hatten. Vermutlich war es eine Granate, die in der Nähe explodierte. Ihr kleiner Bruder lag plötzlich am Boden und war schwer verletzt. Am Hinterkopf konnte man das Gehirn sehen. In Panik schreiend rannte Hilde zu Nachbarn in den Keller, auch sie war verletzt und blutete aus zahlreichen Wunden. Später hat Dr. Steinecke Hilde und den kleinen Reinhold mit seinem Privatauto ins Ludwigsburger Kranken-

[9] Die Firma Kurz in der Charlottenstraße stellte Rucksäcke, Liegestühle etc. her. Sie bestand von 1921–1995.

haus gebracht. Aus dem Autofenster hängte er eine Rot-Kreuz-Fahne, die ihm Frau Schönhofen genäht hatte, damit man ihn überall passieren ließ. Hilde selbst war voller Splitter. Auch sie hatte schwere Kopfverletzungen und das linke Auge war getroffen. Damit sie am Kopf operiert werden konnte, wurden ihr die Haare abgeschnitten. Mit ihren 20 Jahren hatte sie große Angst, man könnte sie anschließend für ein Kriegsgefangenenliebchen halten. Denen hatte man bis Kriegsende die Haare abgeschnitten und sie zum Spott öffentlich zur Schau gestellt.

Auf der Karlshöhe in Ludwigsburg wurde ihr etwa 4 Wochen später das verletzte Auge herausoperiert, und nach 6 oder 8 Wochen war sie wieder zu Hause. Auch ihr kleiner Bruder war wieder bei der Familie, aber er war sehr behindert.

Im Sommer 1945 wurde Hilde in Stuttgart im Institut für künstliche Augen ein Ersatzauge eingesetzt. Wegen ihrer Verletzung und weil sie beim BDM gewesen und noch nicht entnazifiziert war, stellte die Firma Bleyle sie nicht mehr ein. Weil aber jede Firma damals Kriegsbeschädigte beschäftigen musste, bekam sie übers Arbeitsamt bei der Firma Salamander in Kornwestheim einen Arbeitsplatz. Zusammen mit Zivilblinden zog sie Schnürsenkel in Schuhe ein. 1951 heiratete sie und bekam drei Kinder. Bei einer späteren Röntgenaufnahme wurden noch viele Splitter in ihrem Ellbogen festgestellt

Anneliese Menzel als Konfirmandin. (Herkunft: Anneliese Wippich)

TOD DER MUTTER

Anneliese Wippich (geb. Menzel), Jahrgang 1926

Vater Philipp Menzel war Gärtner bei Mühlenbesitzer Carl Rommel, deshalb waren seine Kinder Anneliese und Hannelore bei Rommels und auf dem Mühlengelände gern gesehen. Zur Konfirmation 1941 bekam Anneliese von Carl Rommels Mutter sogar eine Uhr geschenkt.

Als im April 1945 die Franzosen von den Untermberger Weinbergen her Bissingen beschossen, suchte Mutter Frieda Menzel (Jahrgang 1902) mit ihren Töchtern Anneliese und Hannelore Schutz im Keller bei Schreiner Daibenzeihers Familie[10]. Der Vater Philipp Menzel war in Russland vermisst, und die Mutter klagte oft: „Den Vater sehen wir nimmer!"

Trotz Beschuss musste Frieda Menzel jeden Morgen und Abend zu ihrem Haus, denn sie hielt Hühner, Gänse, Enten und Hasen, und

[10] Familie Menzel wohnte in der Hauptstraße 91 (heutige Jahnstraße 95) nahe der Jahnhalle. Schreiner Daibenzeihers Haus war schräg gegenüber in der Hauptstraße (heute Jahnstraße 64/66).

Frieda Menzel.
(Herkunft: Anneliese Wippich)

Familie Menzel 1943: Vater Philipp Menzel, daneben Anneliese, vorne Hannelore und Mutter Frieda.
(Herkunft: Anneliese Wippich)

Im Haus Jahnstraße 95 (früher Hauptstraße 91), das Carl Rommel gehörte, wohnte Familie Menzel. Am Fenster ist Frieda Menzel zu sehen.
(Herkunft: Anneliese Wippich)

Es war am 14. April 1945 als Frieda Menzel morgens um ½ 10 Uhr am Herd in Daibenzeihers Küche stand und zu den dicht bei ihr stehenden Töchtern sagte: „Jetzt wird's aber Zeit, dass ihr euern Kaffee trinkt, ich muss euch noch eure Läuse runterwaschen." Plötzlich krachte ein Schuss und Frieda Menzel sackte zu Boden. Der Schuss eines Scharfschützen aus den Untermberger Weinbergen hatte sie an der Schläfe getroffen. Sie lag auf dem Küchenboden, das Blut rann aus der tödlichen Kopfwunde und sie starb nach etwa 15 Minuten.

Nachdem der erste Schock überwunden war, nagelte Schreiner Daibenzeiher eine Kiste zusammen, in die Frieda Menzel gelegt wurde, in den Kleidern, die sie gerade getragen hatte. Mit Pferd und Wagen wollte Herr Daibenzeiher den Behelfssarg zum alten Friedhof bringen, aber er kam mit dem Sarg auf dem Wagen und den nebenher gehenden Kindern zunächst nur bis zum Haus der früheren Metzgerei Rebstock als eine Granate explodierte. Die Kinder und Schreiner Daibenzeiher mussten unter dem Wagen mit dem Sarg der toten Mutter Schutz suchen.

Weil die Mutter tot war und der Vater vermisst, bekamen die Kinder Anneliese und Hannelore Menzel jeden Monat Geld von Carl Rommel, solange, bis der vermisste Vater am 9. Nov. 1945 zurückkam, typhusverdächtig und sehr abgemagert aber lebend. Bis zur Rückkehr des Vaters war der Bruder der Mutter Vormund der Mädchen.

die brauchten Futter und mussten morgens rausgelassen und abends wieder eingesperrt werden. Wegen des Beschusses war dieser Weg äußerst gefährlich und nur im Schutz der Dunkelheit möglich.

Kriegstagebuch von Christian Schwemmer

Aus den Aufzeichnungen der Jahre 1944/45 von Christian Schwemmer (1874–1949), wohnhaft in Bissingen Parzelle

Am 19. 12. 1944[11] Großangriff auf Heilbronn, etwa 9 Uhr abends. Es war von hier aus gesehen ein schauerlich-schöner Anblick, diese vielen Flugzeuge, sichtbar von Metterzimmern und weit über Besigheim hinaus. Es ergab sich ein Bild wie eine ununterbrochene Kette von brennenden Christbäumen und bald sah man auch den Schein von Feuersbrünsten. Von 20.000 Toten wird gesprochen und die Hitze soll so groß gewesen sein, dass der Wein in den Kellern gekocht hat.

Bei uns gab es Angriffe einzelner Flugzeuge, auch an Neujahr. Bombenabwürfe begannen hinter der Gärtnerei Eppler in Richtung Tamm, und die Trichter waren trotz dem gefrorenen Boden bis zu drei Meter tief, in Abständen von 40 bis 80 cm. Dieser Angriff galt ohne Zweifel dem Bahnhof Bietigheim, beziehungsweise der Bahnlinie Bietigheim–Ludwigsburg.

Als am 2. Februar 1945, also an Lichtmess, die Ulrichstraße und Metzgerei Dietz, Teile vom Köpenick und Linoleum[12] in Bietigheim bombardiert wurden, bekam auch die Wasserleitung in der Bahnhofstraße einen Treffer. Deshalb mussten die Bewohner mit Wasserwagen der Stadt Ludwigsburg versorgt werden, was bis in den Mai so geblieben ist. Als es keine Wasserwagen mehr gab, holten die Leute Wasser aus dem Wobach.

Am 19. Februar 1945 nachmittags gegen 16 Uhr war ich auf meinem Grundstück im Katzenbuckel hinter der Maschinenfabrik Grotz als plötzlich ein Maschinengewehr knatterte und gleichzeitig Bomben fielen. Ich legte mich sofort an die Böschung des dortigen Saubachs und hörte später, dass es auf der Parzelle Tote gegeben hätte. Frau Heidelbauer geb. Stockburger und das Kind vom Musiker Deisser, 4 Jahre alt. Es gab auch viel Gebäudeschaden.

[11] Gemeint ist hier wohl der verheerende Luftangriff auf Heilbronn am 4. 12. 1944.

[12] Gemeint ist die Firma DLW (Deutsche Linoleum Werke) in der Bietigheimer Bahnhofstraße.

Christian und Anna Schwemmer vor ihrem Haus in der Karlstraße. Christian Schwemmer hatte ein Baugeschäft in der Karlstraße.
(Herkunft: Rosemarie Gerst)

[13] siehe Anmerkung 8, S. 63

Das Haus des Herrn Warth war nicht mehr bewohnbar. Viele Fensterscheiben waren kaputt.

Am 22. März 1945 um halb 11 Uhr begann ein Angriff auf den Viadukt, der sich noch zwei Tage fortsetzte und der Viadukt dann getroffen war. Ein großer Bombentrichter war in der Wobachstraße, gleich neben dem Viadukt. Die Bahn konnte nicht mehr fahren.

Am Palmsonntag, 25. 3. 1945 morgens, etwa 8 Uhr, fielen zwei schwere Bomben. Eine zerstörte die Hälfte des Eisenbahnerhauses an der Kreuzung Charlottenstraße/Bahnhofstraße auf der Parzelle Bissingen.

Blick durch die Bahnunterführung beim Bahnhof auf das Haus Kapp in der Marbacher Straße (heute Freiberger Straße).
(Aufnahme 1933: Otto Schick, Herkunft: Stadtarchiv Bietigheim-Bissingen)

Am Montag 26. 3. 1945 abends 16 Uhr war ich mit meinem Fahrrad auf dem Weg nach Hause, als eine Brandbombe in die Holzhandlung[13] einschlug. Zwei Drittel des Holzvorrats verbrannte. Am nächsten Tag fielen Bomben, die Eisenbahnwagen aus den Gleisen warfen. Bahnmeister Kapp mit seiner Familie war tot, als sein Haus getroffen wurde[14].

Am Ostersonntag, abends um halb 6 Uhr, stand ich mit meiner Frau und der Base Wildermuth aus Karlsruhe in unserer Wohnstube, als sich ein Flugzeug näherte. Es gab einen fürchterlichen Knall und die Glassplitter unserer Fensterscheiben flogen uns um den Kopf. Türfüllungen und Gipsdielwände waren verbogen oder kaputt, das Dach ziemlich zerstört. Von der Veranda und dem Schuppen vom Hause Ziegler lagen nur noch Splitter in der Umgebung. Eine Luftmine hatte eingeschlagen. Die Häuser Vaigle und Kümmerle waren auch beschädigt. Eine Bombe ging im Wald auf dem ehemaligen Festplatz nieder und fiel auf meine große Mischmaschine, die ich dort abgestellt hatte, mitten durch die Mischtrommel. Die Maschine wurde in die Höhe gewirbelt, immerhin wog sie 16 Zentner. Das Pappdach der dort stehenden Bauhütte hing zerfetzt in den Eichen.

Ab 2. April 1945 ging ich an die Reparatur unseres Daches und brachte von allen Fenstern den rechten Flügel zum Glaser, der alles innerhalb eines Tages neu verglaste. Die linken und oberen Flügel haben wir mit Pappe zugenagelt.

Am 6. April 1945 etwa um 8 Uhr morgens wurden Brand-Stab-Bomben abgeworfen. In unserer näheren und weiteren Nachbarschaft

Blick in die Bissinger Bahnhofstraße: ganz rechts das Büro der Neckarwerke, daneben die „Wirtschaft zum Enztal" von Wilhelm Vaigle (Bahnhofstraße 145, heute Restaurant Enztal Wild), links davon das Haus Ziegler. Auf der linken Straßenseite ist noch ein Teil der Bissinger Ölfabrik zu sehen.
(Aufnahme um 1930: Otto Schick, Herkunft: Stadtarchiv Bietigheim-Bissingen)

[14] Es muss sich um den 23. 3. 1945 handeln: eine Bombe zerstörte das Haus des früheren Reichsbahnoberingenieurs Friedrich Kapp in der Marbacherstraße (heutige Freibergerstraße), nahe dem Bietigheimer Bahnhof. Dabei kamen Friedrich Kapp, seine Frau, seine Tochter, 2 Enkelkinder und das Hausmädchen ums Leben. (Aufzeichnungen von Direktor a.D. August Kienzle, Bietigheim. Veröffentlicht in: Blätter zur Stadtgeschichte Heft 16, S. 161–170.)

hat es gebrannt, begleitet von furchtbarem Lärm. Abends um halb 10 Uhr kam unsere Base Amalie von Verwandten in Bissingen, bei denen sie zu Besuch war und sagte, dass um 11 Uhr der letzte Zug nach Ulm abfahre, was sie tun soll, mitfahren nach Laichingen, wo sie zu Hause war, oder hierbleiben bei der Verwandtschaft. Ich hielt Laichingen für sicherer als Bissingen. Sie hat dann in aller Eile eingepackt und den Zug mit ihrer Tochter Marianne noch erreicht. Bei diesen Tieffliegerangriffen und Bombardierungen überall hätte ich es nicht fertiggebracht, mich in einen Zug zu setzen.

Am 7. April 1945 konnte ich ein Pferdegespann erwischen, mit dem ich unseren Kleiderschrank, das Buffet, sowie alle entbehrlichen Kleider nach Pleidelsheim zur Verwandtschaft brachte.

Ab 8. April 1945 kam Bissingen und Bietigheim unter Artilleriebeschuss. Die Enzbrücke in Bissingen wurde gesprengt, und an diesem wunderschönen sonnigen Apriltag sprengten die Deutschen nachmittags 4 Uhr den westlichen Teil des Enzviadukts. Jammerschade für solch ein prachtvolles Bauwerk. Den ganzen Tag gab es furchtbaren Lärm von Fliegern und Granatfeuer. Meine Frau und ich flüchteten in

[15] zur Ölfabrik siehe Anmerkung 2, S. 27

[16] siehe Anmerkung 4, S. 39

den Luftschutzraum der Ölfabrik[15] an der Bahnhofstraße. Als wir uns abends heraus wagten, sah ich einen Mann, der einen Sack Weißmehl auf seinem Fahrradanhänger hatte. Tatsächlich war in der Rommelmühle sackweise Mehl ausgegeben worden.

Am Montag früh, den 9. April 1945 ging meine Frau nach Bissingen und hat mit Hilfe von Maria Sauter, der Frau von Karl Wildermuth, einen Sack Mehl bekommen, den sie bei Sauters vorerst deponiert hat. Nun lag aber den Tag über weiterhin Artilleriefeuer über Bissingen und wir waren die meiste Zeit in der Ölfabrik im Luftschutzraum. Abends gingen meine Frau und ich in unser Haus, wo ich kurz entschlossen meinen kleinen Handwagen nahm und den Sack Mehl holte. Die ganze Nacht brachten wir dann in der Ölfabrik auf einem elenden Stuhl zu.

Durch den Beschuss gab es in Bissingen 4 Tote.

Am Dienstag, den 10. April 1945 waren wir in der Ölfabrik, als unser Nachbar A. Nöscher kam und uns sagte, dass in unserem Haus ein Brand ausgebrochen sei durch einen Volltreffer. Eine Phosphorgranate war auf dem äußersten Giebelbalken explodiert und hatte in der oberen und unteren Küche schlimme Verwüstungen angerichtet. Mit bereitgestellten Wassereimern und meiner Leiter konnte ich das Feuer löschen, aber in die Innenräume konnte ich wegen des Phosphordampfs und dem Rauch zunächst nicht. Nach einiger Zeit war es möglich, das Feuer auch von innen vollends zu löschen. Wenn dann das Phosphor Luft bekam, fing es immer wieder an zu brennen.

Die Schießerei nahm noch zu. Wir gingen wieder in die Ölfabrik, bis diese kurz vor 6 Uhr einen Volltreffer durch Brandgranaten bekam. Das ganze große Gebäude brannte lichterloh. Es waren einige Soldaten da, die auf dem Rückzug waren. Alle Waffengattungen gab es zu sehen.

Wenn ich mich ins Bett legte, so halb angezogen, hörte ich die Granaten über mich weg pfeifen und ging wieder in unseren Keller.

Am 20. April 1945 morgens 4 Uhr haben die Sprengkommandos die Neckarbrücke bei Pleidelsheim sowie sämtliche Kanalbrücken gesprengt. Ich musste dem Bäcker Haiber[16] seinen Dach- und Kaminschaden reparieren. Da kam plötzlich ein kleines französisches Kommando und hat bei Haiber und anderswo alles durchsucht und was ihnen begehrenswert erschien, mitgenommen. Sämtliche Radiogeräte und Fotoapparate mussten auf dem Rathaus abgegeben werden, auch alle Hakenkreuzfahnen. Ohne Radio und ohne Zeitung – seit zwei Wochen sind wir von der Außenwelt abgeschnitten. Anordnungen wurden durch Ausschellen bekannt gegeben.

Für die französischen Kriegsgefangenen war jetzt eine Freudenzeit angebrochen. Sie waren nun die Herren und hatten das Sagen. Manche sind sofort abgehauen, aber unser Georges und der Schlosser von der Firma Knorr waren noch den ganzen Mai 1945 hier.

Viele Schäden mussten repariert werden, aber so schnell schaffte ich das alleine nicht.

Eine große Plage waren die noch im Land befindlichen Ausländer. Mir wurden nachts drei Hühner gestohlen und aus dem Gartenhaus mein Fahrrad und mein wasserdichter Regenmantel. Die Sperrstunde war von morgens 7

Uhr bis abends 7 Uhr angegeben, wurde aber öfter geändert. Die Häuser in der Bahnhofstraße ab Friedhof mussten geräumt werden. Die Eigentümer durften nichts mitnehmen, weder Möbel noch Betten, und Haus und Garten durften sie nicht betreten.

Am 1. Juni 1945 wurde durch Ausschellen bekannt gegeben, dass die Gemeinde sofort für 300 Mann Besatzung 300 komplette Betten in bestem Zustand frisch bezogen, zu stellen hätten. Es wurden Zettel verteilt, auf denen die Leute, die ein Bett abliefern mussten, namentlich benannt waren. Wir waren nicht dabei. Die Besatzungstruppen kamen aus Großsachsenheim und haben mit ihren Autos die neu erbaute Enzbrücke an der Wörthstraße befahren. Jeder männliche Deutsche hatte jeden französischen Offizier zu grüßen. Wer nicht grüßte, wurde mit 600 Mark bestraft. Heute in der Frühe sind Russen aus dem Lager vom Laiern abtransportiert worden. Sie hätten mit Steinen nach der Bevölkerung geworfen.

Amerikanische Eisenbahnpioniere haben die zerstörten Brücken repariert und schon am 10. Mai 1945 fuhr der erste Zug von Heilbronn nach Stuttgart. Am 10. Juni 1945 sah ich den ersten endlos langen Güterzug über den Viadukt rollen. Die Amerikaner haben fieberhaft gearbeitet und das Befahren des Viadukts möglich gemacht. Haus Schlosser, Haus Ziegler und wir mussten doch noch ein Bett abliefern. Das Haus Messerer musste geräumt werden. Am 19. Juni konnte ich unser Bett wieder abholen. Es wurde bekanntgegeben, dass sämtlicher Wein abzuliefern sei. Pro Person durfte man 50 Liter behalten. Innerhalb 30 Stunden waren folgende Kleidungsstücke abzuliefern: Ein Herrenhemd, eine Unterhose, ein kompletter Anzug, ein Hut oder eine Mütze, ein Leinenkragen, eine Krawatte, ein Paar Socken, zwei Taschentücher und ein Paar Stiefel. Seit 2 Monaten gibt es keinen Zucker. Unser Kaffee besteht aus Weizen. Aus was andere Familien Kaffee machen, weiß ich nicht. Pro Person gibt es in einer Woche 100 Gramm Fleisch und 62,5 Gramm Fett und 1500-Gramm-Brot. In die meisten Häuser, die geräumt werden mussten in der Bahnhofstraße, konnten wieder die Eigentümer einziehen. Betten, soweit noch vorhanden, konnten die Eigentümer wieder holen. Heute wurde das Anschlussgleis zur Mühle Rommel gereinigt, ein gutes Zeichen. Vielleicht wird bald wieder der Bahnverkehr zur Mühle hergestellt. Die jetzige amerikanische Besatzung von Bissingen besteht nur noch aus 40 Mann, die von Ludwigsburg alle 24 Stunden abgelöst und auch von dort verpflegt werden. Sie bringt ihre eigene Butter mit. Fast jeden Tag kommen deutsche Soldaten heim zu ihren Familien. Meist sind sie abgemagert, abgerissen und braungebrannt und vor allem froh, wieder Zuhause zu sein. Heute musste ich 48 Mark an die Gemeindekasse bezahlen, denn gleich nach der französischen Besetzung mussten sich alle Männer bis 65 Jahre zum Arbeitseinsatz melden. 60 Stunden arbeitete man für 80 Pfennig die Stunde. Alle Bürger, die aus verschiedenen Gründen nicht beim Arbeitseinsatz waren, mussten 60 Stunden á 80 Pfennig = 48 Mark bezahlen. Wir sind noch ohne Post und Telefonverbindung, jetzt im August. Der Personenverkehr mit der Bahn ist äußerst mangelhaft. Die Leute fahren mit Güterzügen. Ich habe gesehen, dass ganze Züge, die aus Kesselwagen bestanden, von Menschen besetzt waren, die allerlei Gepäck dabei hatten wie Fahrräder, Kinderwagen und sogar kleine Handwagen. Unvorstellbar in Friedenszeiten.

24. August 1945: In der vergangenen Nacht wurde dem Bauer Paul Kiemle, der in der Nähe der Uhr und der Firma Knorr wohnte, seine Kuh gestohlen. Er musste zuschauen wie sie abgeführt wurde. Er konnte nichts machen, da die Diebe mit Revolvern bewaffnet waren. Ich muss viele Schäden am Haus und im Haus in Ordnung bringen.

29. August 1945: Heute kam die erste Post nach langer Zeit, eine Karte aus Ludwigsburg. Seit Mitte September gibt es auch wieder Briefmarken zu 12 Pfennig, eine andere sah

Die „Uhr" an der Bahnhofstraße, gegenüber der Einmündung der Rosenstraße: etwa hier beginnt die „Parzelle".
(Aufnahme 2007, Eisele/Stadtarchiv Bietigheim-Bissingen)

Metzgerei und „Gaststätte zum Enztal" von Fritz Wild, Postkarte aus den 60er Jahren.
(Aufnahme: Ansichts-Postkarten-Verlag Walter Mayer Karlsruhe, Herkunft: Stadtarchiv Bietigheim-Bissingen)

ich noch nicht. Vorher musste am Postschalter bezahlt werden, solange es keine Marken gab. Alle Parteigenossen, die vor dem 1. 5. 1937 zur Partei eingetreten waren, mussten 60 Tage Arbeit leisten, hauptsächlich an der Bissinger Brücke und der Brücke beim Fißlerhof und am Viadukt. Unter anderem Direktor Reichle vom Enzgauwerk, E. Layer von der Firma Bee, Metzger Wild, Walter Ziegler, Nachbarn Bertsch und Maraun, Gemeindepfleger Geiger. Von mir wollte niemand etwas, wahrscheinlich war ich zu alt.

1. Mai 1946: Heute hat Fritz Wild seine

Wirtschaft und die Metzgerei wieder neu eröffnet. Es war ein Betrieb wie an einem Festtag, ohne dass es in der Zeitung gestanden hatte. Die Wirtschaft konnte die vielen Leute kaum fassen. Es gab Bier und Wein, aber vespern konnte man leider nicht.

Am Sonntag, den 4. Mai 1946 war erstmals wieder Fleischverkauf seit 1. 10. 1941. Wir bekommen immer noch keinen Zucker. Die Brotkarten für 4 Wochen müssen jetzt 6 Wochen reichen. Ich habe immer Hunger.

21. Mai 1946: Seit heute Vormittag brennt bei uns das Gas wieder, seit etwa eineinhalb Jahren. Wir sind sehr froh. Das Essen wird immer knapper. Es gibt pro Kopf 800 Gramm Brot in der Woche, zum Leben zu wenig und zum Sterben noch ein klein wenig zu viel.

Anmerkung: Die Familie Stroh wohnte im sogenannten „Neuen Viertel" auf der Parzelle und besaß dort ein kreisrundes Haus mit Flachdach. Christian Schwemmer fragte eine Nachbarin ob sie wisse, was Kunst sei. „Nein," sagte die Frau, ob er es wüsste. Seine Antwort war: „Bei Strohs an ein Hauseck pinkeln".

Das Rundhaus Stroh in der Rosenstraße im Sommer 1927, aufgenommen von Norden.
(Herkunft: Dr. Armin Stroh)

Die weisse und die schwarze Sau

Albert Meroth, Jahrgang 1933

Mein Elternhaus steht noch heute an der Ludwigsburger Straße in Bissingen.

Ich kann mich gut erinnern, dass meine Familie einen Weg gegen die Lebensmittelknappheit während des Krieges fand: Wir hatten einen Saustall, natürlich nicht im Haus, sondern im Hinterhof.

Eine weiße Sau wurde aufgezogen, eine schwarze wurde organisiert und so kamen am Schlachttag zwei in den Kochtopf, eine mit Erlaubnisschein, die andere ohne. Beim Essen hat man aber keinen Unterschied bemerkt, es hat immer gut geschmeckt.

Kriegsgefangene Franzosen, die bei uns arbeiteten, aßen bei uns stets mit am Tisch, genauso wie die zwei ausgebombten Damen aus Bochum, die bei uns wohnten.

Im April 1945 sagte Bürgermeister Silcher zu meinem Vater, der ein Auto haben durfte: „Wir müssen nach Tamm, um Butter zu holen, hier in Bissingen haben die Leute nichts mehr." Mein Vater und Herr Silcher saßen im Auto, Heinz Epple und ich im Anhänger. Als wir von Tamm wieder nach Hause fuhren, wurden wir beschossen, da wo die Gottlob-Grotz-Straße in das heutige Neuwengertgebiet einmündet. Wir waren froh, als wir unverletzt wieder zu Hause ankamen.

Kurz vor Kriegsende verlief die Front der Enz entlang und wir verbrachten ca. 14 Tage die meiste Zeit im Keller, zum Schutz vor Granaten und Scharfschützen.

Nach Kriegsende und bis zur Währungsreform kam die Zeit, als improvisieren groß geschrieben wurde.

Erstaunlich war mit der Einführung der D-Mark 1948 das plötzliche Angebot in den Läden. Über Nacht konnte man fast alles kaufen, wenn man das notwendige Geld hatte, es war wie ein Wunder.

Pfannkuchen sind ein gutes Essen.
Ich habe zwar noch keinen gegessen,
aber ein Freund von meines Vaters Freund
hat einmal geseh'n und nie vergessen,
wie Einer durfte Pfannkuchen essen.

Mein Bruder Siegfried

Berta Scheuffele (geb. Breitenbücher), Jahrgang 1925

Berta wäre am liebsten zu den „Blitzmädchen"[17] gegangen, aber da hätte sie mindestens 1,60 m groß sein müssen, und sie konnte nur mit 1,58 m aufwarten. Landjäger Bühl legte ihr ein Buch unter die Absätze, dann stimmte die Größe. Sie hätte gerne etwas wie Telefondienst oder Ähnliches gemacht. Weil Bertas Vater von Frau Haueisen von der Bissinger Post wusste, dass Briefträgerinnen gebraucht würden, kam Berta dann zur Post.

Ab 1. August 1941 arbeitete Berta als Briefträgerin, und an ihrem sechzehnten Geburtstag wurde sie vereidigt. Zwei Jahre hat sie Post in Bissingen ausgetragen. In Bissingen gab es drei Bezirke der Postzustellung, die etwa bis zur Villa Kurz in der Bahnhofstraße reichten. Die Parzelle Bahnhof wurde von Bietigheim versorgt. Das Schlimmste sei gewesen, erinnert sie sich, wenn Feldpost zurück kam mit dem Vermerk, „Einheit nicht erreichbar".

Ende 1943 kam sie zum Innendienst aufs Fernmeldeamt nach Ludwigsburg. Fräulein Grotz, die an der „Alten Steige" in Bissingen wohnte, hatte dort eine wichtige Position und war ihre Vorgesetzte.

1944 starb ganz plötzlich ihre Mutter, sie war erst 43 Jahre alt. Berta wurde daraufhin von der Post freigestellt, weil sie nun in ihrer Familie gebraucht wurde, wo sie die Aufgaben ihrer Mutter übernahm. Sie musste vier jüngere Geschwister betreuen und in der Landwirtschaft helfen.

[17] Die „Blitzmädchen" waren uniformierte Wehrmachtshelferinnen, z.B. Nachrichtenhelferinnen bei der Luftwaffe. Der Name bezieht sich auf den Blitz auf dem Schlips der Uniform.

Rechts: Berta Breitenbücher.
(Aufnahme: Walter Heine, Herkunft: Berta Scheuffele)

Ihre Geschwister Mathilde und Karl, die Zwillinge, hatten 1945 Konfirmation. Die Kirchgänger und die Kirche wurden von „Jabos" beschossen. Karl wurde von einer Katze gebissen und starb später an Wundstarrkrampf. Berta wurde von Frauenschaftsdamen kontrolliert, ob sie den Haushalt in Ordnung hielt.

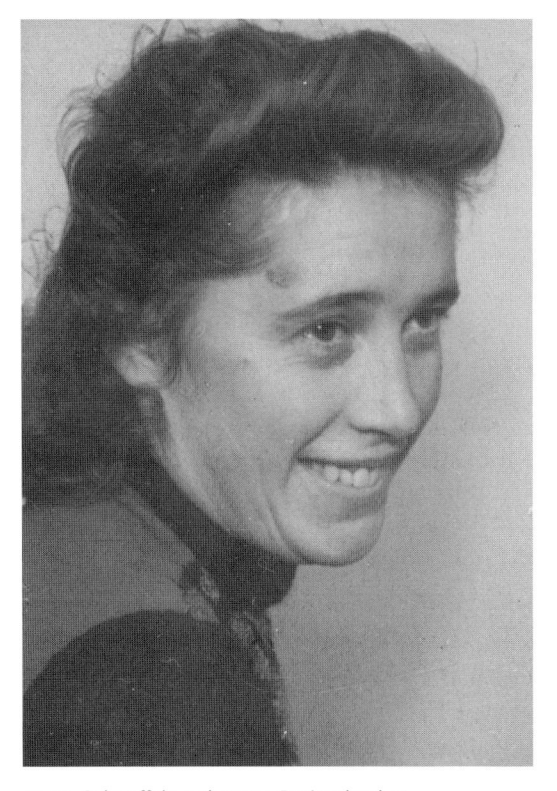

Berta Scheuffele geborene Breitenbücher.
(Herunft: Berta Scheuffele)

Ihr Bruder Siegfried, geb. 1935, wurde am 12. April 1945 durch den Beschuss des französischen Militärs mit Granatwerfern aus den Weinbergen auf der anderen Enzseite verwundet. Mit einem Nachbarbuben hatte er hinter dem Haus gespielt. Es traf ihn ein Splitter in die rechte Pobacke und verletzte auch die Hauptschlagader in der rechten Schenkelbeuge. Er blutete stark. Von der Ludwig-Heyd-Schule, wo sich immer noch deutsche Soldaten aufhielten, kam ein Sanitäter, der zur Deckung dicht an den Hausmauern ging. Er legte Siegfried einen Notverband an. Bis nachts um 10 Uhr saß sein Vater bei ihm, um auf die Wunde zu drücken, sonst wäre er verblutet.

Berta und Nachbarmädchen legten Siegfried nach 10 Uhr in einen Fahrradanhänger und schoben ihn bis oberhalb der Steige, wo ihnen ein Lastwagen entgegen kam, wegen der Verdunklungspflicht nur mit Lichtschlitzen an den Lampen. Deutsche Soldaten stiegen aus und öffneten das Auto an der Rückseite. Da lagen Verwundete, die jammerten und schrien. Siegfried legten sie dazu, und einer der Soldaten sagte: „Die kommen nach Ludwigsburg ins Krankenhaus."

Am nächsten Tag, dem 13. April 1945 wollte Berta nach ihrem Bruder schauen und machte sich gemeinsam mit Margot Daub mit dem Fahrrad auf nach Ludwigsburg. Bei Hühner-Knapp (in der Nähe vom heutigen Breuninger-Land) kamen sie in eine Passierscheinkontrolle. Ein Pole, der im Bissinger Waldhorn Pferdeknecht gewesen war, hatte ihnen den notwendigen Schein ausgestellt. Es waren eine Menge Jeeps auf den Straßen. Den verwundeten Bruder Siegfried konnten die beiden Mädchen jedoch im Krankenhaus nicht finden.

Am nächsten Tag machten sich Berta und Margot deshalb noch einmal auf den Weg nach Ludwigsburg. Sie fanden Siegfried schließlich im Heizungskeller des Krankenhauses. Herr Girrbach, Trudel Bubser und Mathilde Wild aus Bissingen lagen auch dort.

Am 12. Juli 1945 sollte Siegfried entlassen werden, aber vorher wurde er noch gebadet. Dabei platzte seine Wunde auf, und er verblutete in der Badewanne.

Landjäger Bühl
Rolf S. Jahrgang 1933

Ich war als Kind 1945 Augenzeuge folgender Begebenheit:

Der Landjäger Bühl war ein wichtiger Mann in Bissingen. Als das französische Militär auf dem Vormarsch von der Enz und den gesprengten Brücken aufgehalten wurde, standen plötzlich zwei oder drei Franzosen auf der Bissinger Kreuzstrasse und sprachen mit den Einwohnern. Sie waren sicher so etwas wie ein Spähtrupp der auskundschaften sollte, ob noch deutsche Soldaten im Dorf waren.

Herr Bühl kam mit seinem Fahrrad von zu Hause oberhalb der Steige, und als er bei Hermann Kinzinger vorbeifuhr, etwa gegenüber von Blumen-Kiemle, rief der ihm zu: „Dreh um, dort vorne auf der Kreuzstraße stehen Franzosen!" Aber Landjäger Bühl fuhr weiter, um seine Pflicht zu tun. Da er seine Landjägeruniform trug, wurde er von den Franzosen entsprechend in Empfang genommen, sie dachten vielleicht, er wäre ein deutscher Soldat. Entweder haben sie ihn damals eingesperrt oder irgendwie über die Enz transportiert auf die vom Feind besetzte Seite, die Brücken waren ja kaputt. Soweit bekannt ist, hat Bühl das gut überstanden.

An seiner Gartentür war ein Schildchen angebracht, auf dem „Landjäger-Stelle" stand. Als eines Tages eine Frau klingelte und den Herrn Stelle sprechen wollte, wurde das in ganz Bissingen bekannt und von da an hieß er nicht mehr Herr Bühl, er war schlicht und einfach der „Stelle".

Erinnerung an das Jahr 1945
Inge Schneider geb. Bader

Der Einmarsch der französischen Truppen in Bissingen war, glaube ich, an einem Sonntag. Eine Truppe kam zu uns ins Haus und suchte nach Mademoiselles, die man jedoch wohlweislich auf dem Dachboden unter einer Schicht Wolldecken versteckt hatte. Nachdem die Soldaten nichts fanden, stärkten sie sich an dem auf dem Herd kochenden Mittagessen. Sie durchsuchten die Küchenschränke nach weiteren Lebensmitteln und leerten die Marmeladengläser. Als nichts anderes zu finden war, zogen sie weiter. In der Bahnhofstraße wurde eine Reihe von Häusern als Quartiere beschlagnahmt.

Alle Frauen zwischen 17 und 30 Jahren mussten sich im Fabrikhof der Firma Grotz melden, wo im früheren Büro die Ortskommandantur untergebracht war. Einige wurden ausgewählt und für Putzarbeiten in diesen beschlagnahmten Häusern verpflichtet. Die anderen mussten das Liederkranzhaus reinigen, in dem während des Krieges Fremdarbeiter untergebracht gewesen waren. Auch die Fabrikhallen der Firma Grotz mussten sauber gemacht werden. Die Maschinen hatten die Franzosen alle abtransportiert.

Natürlich gab es keine Bezahlung oder eine andere Entschädigung für die Putzarbeiten, es war ja als Strafe für die Mitgliedschaft im JM, BDM oder bei der Frauenschaft gedacht.

Die Lebensmittel waren nach wie vor rationiert. Wir hatten jedoch das große Glück, dass in Bissingen auf der Lebensmittelkarte andere Abschnitte zum Bezug von Butter und Zucker galten als in Bietigheim, so konnten wir doppelt absahnen.

Kurz vor dem Eintreffen der Franzosen hatte die Rommelmühle noch ihre Lager geöffnet. Alles was laufen konnte, rannte in die Mühle und schleppte oder fuhr einen Sack Mehl nach Hause. Rundfunkgeräte mussten abgegeben werden, Zeitungen gab es keine und so wurden Nachrichten von Mund zu Mund weitergegeben. Man wusste nicht, was stimmt und was nicht. Wollte man in eine Nachbargemeinde, musste man sich unter Angabe von Gründen einen Passierschein ausstellen lassen. Ab ca. 19 Uhr war Sperrstunde, es durfte sich niemand mehr auf der Straße aufhalten. Gab es mal etwas Besonderes in den Lebensmittelläden, verbreitete sich das wie ein Lauffeuer und vor den Läden bildete sich rasch eine lange Schlange.

In diesen Tagen wurden diejenigen glühend beneidet, die Päckchen oder Care-Pakete aus Amerika bekamen. Ein Onkel in Amerika war Gold wert. Stoffe oder Kleider gab es nicht zu kaufen. Man machte aus zwei Kleidern eines oder wendete etwas Altes.

Im Winter gab es keine Kohlen und meistens nur nasses Holz, mit dem sich kaum Feuer machen ließ. Selbstversorger hatten es besser, die konnten auch mal ihre Produkte gegen andere Dinge tauschen. Der Schwarz-

Betriebsgelände der Firma Grotz 1955.
(Herkunft: Stadtarchiv Bietigheim-Bissingen)

handel stand in voller Blüte. Berüchtigt war die Reinsburgstraße in Stuttgart. Eine Tafel Cadbury-Schokolade kostete 180,– RM, ein Paar Nylonstrümpfe 400,– RM und eine Zigarette 5,– RM. Schuhtauschzentralen wurden eröffnet, was besonders für Kinder sehr praktisch war.

Allmählich gab es auch wieder Radios, aber man hörte keine Zarah Leander singen, sondern Melodien von Glenn Miller, Benny Goodman, Jazz usw. In guter Erinnerung blieb mir „Sentimental Journey" und „You are my sunshine." Dann kam Rudi Schuricke mit den „Capri-Fischern". Wir wurden mit dem „New look" bekannt gemacht. Wadenlange Röcke waren angesagt, aber woher den Stoff nehmen? Es wurde zusammengestückelt und angesetzt. Jedes Stoffstückchen fand Verwendung. Schulbücher gab es 1946 noch nicht. Der Lehrer hat alles diktiert.

Die Währungsreform 1948 brachte zunächst jedem 40 D-Mark. Spareinlagen wurden mit 10:1 abgewertet.

Über Nacht ist uns dann ein Wunder widerfahren. Die Schaufensterauslagen ließen uns fast die Augen aus den Höhlen treten. Wo kamen nur plötzlich all die Waren her? Jeder Laden lockte mit einer Fülle von Genussmitteln, mit Stoffen und Kleidern, aber es musste gut überlegt werden, für was man sein Geld ausgeben wollte. So allmählich konnte man wieder Kleider- und Wäschebestände erneuern, die durch die langen Kriegsjahre ziemlich ramponiert waren, da Seife und Waschpulver an Qualität sehr zu wünschen übrig ließen.

Bemerken möchte ich noch, dass wir – meine Familie und ich – außer meiner Armbanduhr, die eine Reise nach Frankreich antrat, während der Besatzungszeit keine Einbuße erlitten haben, so dass in dieser Hinsicht keine größeren Anschaffungen gemacht werden mussten.

[18] Das „Neue Viertel" auf der Parzelle war das Gebiet südlich der Bahnhofstraße, zwischen Rosenstraße, Keplerstraße (bis 1945 Julius-Schreck-Straße) und Mörikestraße (bis 1945 Josef-Goebbels-Straße). Diese Häuser waren fast alle in den 30er Jahren gebaut worden.

„WER NICHT ABLIEFERT, WIRD ERSCHOSSEN!"
Fred Schönhofen, Jahrgang 1934

Die Häuser im „Neuen Viertel"[18] auf der Parzelle in Bissingen waren teilweise mit Tarnfarben gestrichen, grau, grün und braun. Wahrscheinlich wegen der großen Nähe zum Bietigheimer Bahnhof.

Im Keller von Familie Richard Dautel erlebte Familie Schönhofen das Kriegsende. Frau Schönhofen, Freds Mutter, hat auf ihrer Nähmaschine eine Rot-Kreuz-Fahne für Dr. Steinecke genäht, die dieser auf seinen Fahrten als Arzt aus dem Autofenster hing.

Als Bissingen von den Franzosen besetzt war, hat der Büttel, Herr Gehweiler, ausgeschellt, dass alle Radios und Fotoaparate abgeliefert werden müssen. „Wer nicht abliefert wird erschossen!"

Die Großeltern von Fred wohnten in Phillippsburg und hatten Frau Schönhofen mit ihren zwei Söhnen abgeholt. Sie hatten keinen Passierschein und als sie kontrolliert wurden, mussten der Großvater und Frau Schönhofen Strafe bezahlen.

Hausdurchsuchung bei Familie Geiger

Gerhard Geiger

Eines Nachmittags fuhr ein Jeep mit französischen Soldaten an der Schleifmühle vor. Sie hatten den Befehl, das Anwesen zu durchsuchen, da bekannt sei, dass hier Munition hergestellt würde. Mehrere Soldaten durchkämmten alle Räume.

Als meine Schwester Lore merkte, dass auch der an die Betriebsräume angebaute Bienenstand durchsucht werden sollte, öffnete sie geistesgegenwärtig einige Bienenkästen. Der Soldat, welcher kurz darauf den Bienenstand betreten wollte, schreckte zurück, als er die Bienen sah. Im Bienenstand waren wohlweislich einige Dinge aufbewahrt, die vor der Beschlagnahmung geschützt werden sollten, zum Beispiel ein Radio, ein Fernglas, ein Fotoapparat und Ähnliches. Der Soldat wollte sich nicht mit den Bienen auseinandersetzen und betrat den Raum nicht.

Ich erschrak bei dieser Hausdurchsuchung, als ich in Anwesenheit eines Soldaten alle Schubladen in den Betriebsräumen öffnen musste. In einer Schublade war Gewehrmunition, die bei uns einquartierte deutsche Soldaten vergessen hatten. Ich öffnete arglos diese Schublade, und als ich sah, was dort drin war, stieß ich sie rasch wieder zu. Der Soldat hat den Inhalt nicht erkannt oder nicht erkennen wollen. So haben wir die Durchsuchung ganz gut überstanden.

Einige Tage später fuhr beim benachbarten Bauernhaus, in dem Familie Brodt wohnte, wieder ein Jeep mit französischen Soldaten vor. Sie wollten ein paar Hühner, aber sie konnten nur den Hahn fangen. Auf eindringliches Bitten der Zwangsarbeiterin von Brodts, es sei der einzige Hahn der Hühner, ließen sie ihn wieder laufen und gingen weg, ohne etwas mitzunehmen.

Die Schleifmühle Geiger (rechts) und das Nachbarhaus Brodt (links).
(Aufnahme im Oktober 1956, Herkunft: Gerhard Geiger)

Minenräumung

**Gerhard Geiger
(aufgeschrieben am 9. 5. 1978)**

Nach der Besetzung von Bissingen durch französische Truppen sollten sich alle Männer Bissingens bis zum Alter von sechzig Jahren vor dem Rathaus einfinden.

Sie wurden zum Arbeitseinsatz eingeteilt. Bomben und Granattrichter mussten zugeschüttet werden, Schützengräben und Panzersperren waren zu beseitigen. Auch Aufräumungsarbeiten und sonstige Dienste bei den Besatzungstruppen, wie Holz holen im Wald und Saubermachen der Unterkünfte waren Aufgaben dieser Männer.

Als besonders delikate Arbeit waren im oberen Wiesental von der Kanalbrücke bis zur Sägemühle Infanterieminen zu räumen. Diese Minen hatten ein Holzgehäuse und ungefähr die Größe eines Zigarrenkistchens. Bei einem Druck von ca. 8 kg auf den Deckel wurde ein Splint aus dem Schlagbolzen gezogen und die Mine explodierte. Zu dieser Arbeit wurden ehemalige Hitlerjugendführer bestimmt: Walter Heubach, Rolf Hess, Konrad Elbe, Karl-Heinz Hansel, Bruno Rommel und ich. Die Leitung der Aktion wurde dem damaligen Fronmeister Christian Schäfbuch übertragen. Ein Fronmeister war die Bezeichnung für den Vorarbeiter der Gemeindearbeiter.

1945 war ein sehr schönes, warmes Frühjahr, so dass Ende April das Gras sehr hoch stand. Die Minen waren unter die abgehobenen Grasnarben geschoben und nur durch eine Erhöhung am Boden erkennbar. Herr Schäfbuch und einige andere hatten Stöcke mit vorn angebrachten Nägeln, welche in den Boden gestochen wurden, um so die Minen durch den Widerstand beim anstechen feststellen zu können. Ich hatte gegen diese Anwendungen Bedenken und um eine verdächtige Erhöhung im Boden sehen zu können, mussten wir meistens das Gras ausrupfen. Eine anstrengende und mühselige aber recht sichere Methode, doch schon nach einer halben Stunde trat Herr Schäfbuch trotzdem auf eine Mine. Sein Fuss wurde abgerissen. Glücklicherweise verlief hier das Minenfeld direkt am Wegrand, so dass der Verletzte von den uns beobachtenden französischen Soldaten sofort behandelt und abtransportiert werden konnte.

Die Minen wurden vorsichtig unter den abgehobenen Grassoden herausgezogen und zunächst in noch scharfem Zustand gelagert. Erschwerend war, dass schon vor uns Landwirte Minen auf ihren Wiesen gesucht hatten und das Minenfeld damit nicht mehr vollständig war, das heißt, es war schwierig, den Anschluss zur nächsten Mine zu finden. So hat der Bauer Holder einen Tag vor uns auf seiner Wiese selbst Minen gesucht und dabei einen Fuss verloren, ebenso Herr Mack aus Untermberg, der ums Leben kam, weil er verblutete. Auch sein Pferd kam um, und im Minenfeld lag ein toter Rehbock. Nach einer weiteren Stunde trat Rolf Hess auf eine Mine. Sein Fuß war bis zum Knöchel nur noch ein Skelett. Damit er nicht verblutete, band ich ihm mit seinem Hosenträger den Fuß ab. Wir trugen ihn zum Sägmühlenweg, von wo ihn ein Jeep der Franzosen ins Krankenhaus brachte.

Nachdem von sieben Personen innerhalb kurzer Zeit zwei den Fuß verloren hatten, verließ uns übrige der Mut und wir weigerten uns, weiter Minen zu suchen. Die Besatzungssoldaten brachten nach ein paar Tagen einen Pionier und Minenspezialisten, Herrn Meroth aus Unterriexingen, nach Bissingen. Ich wurde gebeten, ihn zu begleiten, weil ich das Minenfeld inzwischen ganz gut kannte. Auch Herr Meroth machte sich mit nagelbewehrtem Holzstab ans Werk und trat schon nach kurzer Zeit auf eine Mine. Da er schwere Bergstiefel trug und sicher nicht genau auf die Sprengladung trat, hat es ihm nur den Stiefel zerfetzt und den Fuß stark verzerrt, aber nicht abgerissen. Nach einigen Monaten konnte Herr Meroth wieder gehen. Für mich war diese Minenexplosion sehr gefährlich, denn ich war gerade beim Entschärfen der gelagerten Minen und die Wucht der Explosion war so groß, dass mir die Mine, die ich gerade in der Hand hatte, weggerissen wurde. Ich blieb bewegungslos stehen, um keinen falschen Schritt zu machen, doch dann transportierte ich Herr Meroth zum Arzt.

Am Nachmittag des selben Tages nahm ich die Arbeit im Minenfeld wieder auf und war dann zwei Wochen ganz allein mit Minenräumen und entschärfen beschäftigt. An einem Tag räumte ich einmal etwa 80 Minen und habe insgesamt 360 Minen entschärft. Von etwa 2.000 verlegten Minen habe ich 600 aus der Wiese geholt und ca. 1.300 entschärft.

Das Gras war inzwischen einen Meter hoch und niemand konnte garantieren, dass nicht da und dort noch einzelne Minen lagen. Später wurden noch etwa zehn Minen beim Enzsteg nach Untermberg gefunden, direkt am Weg.

Die französische Ortskommandantur ließ nach dem Unfall von Herrn Meroth beim Schlossermeister Hermann Mezger eine Spezialräumungswalze anfertigen. Diese Räumwalze war einen Meter breit und wurde vom damals einzigen Traktor des Herrn Benz von der Bleiche seitlich geschoben. Zum Schutz gegen Splitter war das Führerhaus des Traktors mit starkem Stahlblech geschützt. Mit diesem Fahrzeug begannen nun die Räumungsarbeiten unter Beteiligung von Herrn Mezger, Otto Beck als Traktorfahrer, Gustav Geiger, Herrn Münchinger aus der Blumenstraße und später auch mir. Innerhalb von 14 Tagen haben wir dann systematisch in den gefährdeten Bereichen mit dieser Walze geräumt und noch 42 Minen zur Explosion gebracht.

Nach der Prozedur mit der Walze sah die Wiese aus, als wäre eine Elefantenherde eingefallen. Die Bauern waren teilweise recht ungehalten, aber unsere Aktion war wirksam. Es ist später in dem Gebiet keine Mine mehr explodiert. Die Toten und Verletzten hätten verhindert werden können, wenn man gleich von Anfang an überlegter vorgegangen wäre. Das ist aus heutiger Sicht leicht gesagt, aber damals, in den ersten Wochen nach Kriegsende hatte nur die Besatzungsmacht Befehlsgewalt. Wenn ich heute nach so vielen Jahren in hohes Gras trete, fallen mir unwillkürlich die Minenexplosionen und ihre Folgen ein.

Überfall auf die Schleifmühle

Gerhard Geiger, Jahrgang 1924

In der Nacht vom 12. auf den 13. Oktober 1945, es war etwa 23.30 Uhr, wurde ich durch ein krachendes Geräusch aus tiefem Schlaf aufgeweckt. Mein erster Gedanke war, eine Bombe hat unser Haus getroffen, eine Reaktion, die kurz nach Kriegsende mehr als verständlich war. Aber es war keine Bombe.

Dann hörte ich schnelle Schritte, welche die Treppe zum Obergeschoß empor rannten. Nichts Gutes ahnend, wollte ich noch schnell meine Armbanduhr unter das Bett werfen, da blitzte schon eine Taschenlampe auf. Ich wurde aus meinem Bett gerissen und mir wurde ein Revolver auf den Kopf geschlagen, was mir eine blutende Platzwunde einbrachte. Mit Fußtritten wurde ich die Treppe hinunter gestoßen und ins Schlafzimmer meiner Eltern gebracht, wo ich mich auf den Fußboden setzen musste. Auch mein Vetter Bruno Meinert, der bei uns übernachtete, wurde auf ähnlich brutale Weise in das Schlafzimmer getrieben.

Meiner Zwillingsschwester Hanne erging es genauso, nur nicht auf ganz so harte Art und Weise. Meine Eltern durften in ihren Betten bleiben, aber wir drei saßen zwischen dem Bett meiner Mutter und der Wand zum Wohnzimmer auf dem Boden.

Vor uns stand ein Wachtposten mit verhülltem Gesicht und gezogenem Revolver. Es wurde uns bedeutet, dass wir uns vollkommen ruhig verhalten müssen, bei der geringsten Bewegung würde geschossen. Zur Bekräftigung der Drohung schossen die Männer gelegentlich an uns vorbei in die Wand.

*Familie Geiger 1937: von links Lore, sitzend Mutter Wilhelmine, Gerhard, Rolf, Hanne, sitzend Vater Gustav, Erika.
(Herkunft: Gerhard Geiger)*

In unserem Haus begann nun ein eifriges Hantieren. Das Geräusch aufgerissener Schubladen war zu hören, das Klirren von Besteck und das rasche Hin- und Herlaufen zahlreicher Personen. Immer wieder schaute einer der vermummten und bewaffneten Plünderer ins Schlafzimmer. Sie erklärten uns, dass sie gekommen seien, um Rache an uns Deutschen zu nehmen für die begangenen Verbrechen in Polen. Als ich unter diesen schlimmen Bedingungen in einem dünnen Nachthemd frierend am Boden sitzen musste, diesen Banditen ausgeliefert, die mich geschlagen und gedemütigt hatten, erfüllte mich ein Gefühl aus Hass, Scham und Verzweiflung, weil ich so tatenlos zusehen musste, wie unser Haus ausgeraubt wurde. Nach etwa einer Stunde sah ich durch die offene Tür zum Wohnzimmer, wie einer der Polen unser Radio abtransportieren wollte. Er war anscheinend allein, denn ich konnte sonst niemanden sehen. Ich glaubte, eine Chance zu haben und sprang blitzschnell vor meinem Bewacher auf, der keine Zeit hatte, mich nieder zu schießen. Als ich dem Polen mit dem Radio die Pistole entreißen wollte, ich hatte sie schon berührt, mit dem Ruf „den lässt du aber hier", kam ein anderer der Männer dazu und schrie „Hände hoch", was ich nicht sofort tat. Aus ca. 1 Meter Entfernung schoss er auf mich, verfehlte aber sein Ziel zunächst, weil ich eine schnelle Drehung machte. Der zweite Schuss aber saß: Als ich das Eindringen der Kugel spürte und bevor ich bewusstlos wurde, dachte ich, das ist das Ende. Die Kugel war unterhalb des linken Rippenbogens in meinen Körper eingedrungen und am rechten Nierenbecken steckengeblieben. Als ich aus kurzer Bewusstlosigkeit erwachte, konnte ich mich aber nicht mehr aufrichten. Hilflos am Boden liegend, traktierten mich die Polen mit ihren schweren genagelten Stiefeln, bis ich erneut die Besinnung verlor. Als ich wieder zu mir kam, schleppte ich mich ins Schlafzimmer und bekam dann rasende Schmerzen. Die Polen verließen nach diesem Vorfall rasch unser Haus. Meine Schwester Hanne und mein Vetter Bruno machten sich mutig in stockdunkler Nacht auf den Weg durch den unsicheren Bruchwald, um meinen Schwager zu alarmieren, der Arzt war. Nur der schnellste Transport ins Krankenhaus konnte mein Leben retten. Ärzte und wichtige Personen hatten damals ein Telefon. Alle anderen Leute hatten ihr Telefon abliefern müssen. Herr Meroth, der ein Auto besitzen durfte, brachte mich ins Krankenhaus. Die Ärzte sagten, ich hätte nur geringe Überlebenschancen. Doch trotz 18 Dünndarmverletzungen habe ich überlebt. Später wurden von ärztlicher Seite bei mir noch Nierenquetschungen, Kopfverletzungen, mehrere Rippenbrüche, Bruch der Hüftgelenkpfanne und des Gelenkkopfes, Blutergüsse und Schürfwunden festgestellt, verursacht durch die erlittenen Misshandlungen. Jetzt schreiben wir das Jahr 2005 und ich lebe immer noch, bin aber nie ohne Schmerzen.

Am nächsten Tag wurde der Vorfall der amerikanischen Militärpolizei gemeldet, doch die hatten nach Aussage meiner Eltern, kein Interesse an der Aufklärung dieses Überfalls auf uns, obwohl bekannt war, dass die Polen aus dem Lager der DLW kamen. Sie gaben zur Antwort: „Warum habt ihr diese Menschen in Euer Land geholt? Das ist Eure Angelegen-

Gerhard Geiger.
(Herkunft: Gerhard Geiger)

heit." Sehr hilfreich war aber die von den Amerikanern in diesem besonders schweren Fall übergebene Arznei.

Genau an dem Tag, an dem ich aus dem Krankenhaus entlassen wurde, erschossen im November 1945 Plünderer eine fünfköpfige Markgröninger Müllerfamilie.

Alle von den Amerikanern eingesetzten Bürgermeister und Gemeinderäte des Kreises Ludwigsburg versammelten sich zu einem Protestmarsch vor dem Gebäude der amerikanischen Militärregierung in Ludwigsburg. Daraufhin sicherten die Amerikaner zu, dass sie bei weiteren Übergriffen hart durchgreifen würden. Ein gewisses Verständnis für den Hass polnischer Fremdarbeiter auf Deutschland brachte ich auf, da sie ja aus ihrer Heimat gerissen wurden, um für ihre Feinde zu arbeiten. Den Polen, welche in den Baracken beim Wellerhof untergebracht waren, gab meine Familie während des Krieges zentnerweise Äpfel, trotz Verbot der Aufseher, mit denen ich manchmal heftig diskutierte.

Der Brief
Inge Hofmann, geb. Händel, Jahrgang 1929

Gemeinsam mit Inge ging eine evakuierte Schülerin aus Köln in die damalige Oberschule in Bietigheim. Sie hieß Ingrid und wohnte bei ihrem Onkel, der Bürgermeister war. Inge und Ingrid waren befreundet und als Ingrid nach dem Krieg wieder nach Köln zurückging, beschlossen die Mädchen in Verbindung zu bleiben.

Inge schrieb Ingrid nach einiger Zeit und berichtete, was es Neues gab. Sie äußerte sich kritisch über eine bekannte Persönlichkeit in der Stadt und gab den Brief jemand mit, der nach Köln fuhr, denn die Post funktionierte noch nicht.

Inges Brief kam nie in Köln an, und nach einigen Tagen bekam sie die Nachricht vom Rathaus, dass sie Putzarbeiten leisten müsse bei der Süßmosterei Zimmer für zwei bis drei Tage. Danach musste sie in der Grünwiesenstraße die verlassenen Baracken von Polen und Gefangenen putzen sowie Räume im Bietigheimer Krankenhaus, wo internierte kranke Personen von der „UNRRA"[19] betreut wurden. Einer der Kranken wollte ihr einmal eine Tafel Schokolade schenken, aber sie lehnte ab. Andere Mädchen ihres Jahrgangs bekamen keine solchen Auflagen und deshalb war sich Inge sicher, dass der verschwundene Brief dabei eine Rolle spielte.

Einmal hatte Inges Mutter während des Krieges zwei Russen, die an der Haustüre geklopft hatten, etwas zu essen gegeben. Sie kamen von der Baracke vom DLW-Sportplatz. Irgendwie war das bekannt geworden und sie musste die Polizei in die Russenunterkunft begleiten, um die beiden Männer anzuzeigen. Sie redete sich heraus, indem sie vorgab, ein sehr schlechtes Personengedächtnis zu haben und die beiden nicht identifizieren zu können.

Inge und ihre Familie war damals in Bietigheim in der Austraße zu Hause. Einige Zeit wohnte Familie Händel auch auf der Parzelle in Bissingen.

[19] UNRRA: United Nations Relief and Rehabilitation Administration, eine Hilfsorganisation, die 1943 gegründet wurde und nach Kriegsende von der UNO übernommen wurde. Hauptaufgabe der UNRRA nach Kriegsende war die Betreuung der Displaced Persons (v.a. der ehemaligen ausländischen Zwangsarbeiter).

Teuere Eier
Rosemarie Gerst

In der Zeit zwischen 1945 und 1948 blühte der Schwarzhandel, aber es blühte auch das Tauschgeschäft.

Unsere wunderschöne Puppenstube, ausstaffiert mit Biedermeiermöbelchen und einem silbernen Teeservice, die haben wir, meine Schwester und ich, „verscherbelt."

Wir hatten auch große Babypuppen und die dazu passenden Puppensportwagen. Mit einem lachenden und einem weinenden Auge tauschte ich das alles für einen dunkelblauen Spitzenstoff und zwei paar Schuhe ein. Da meine Mutter unsere Kleider selbst nähte, war der Stoff natürlich hochwillkommen.

Wie man an die Adressen von Tauschinteressierten kam, weiß ich nicht mehr genau, aber den Stoff und die Schuhe bekam ich in

Stuttgart im Herdweg von einer sehr netten Familie.

Woher ich den Mut nahm, in dem zerbombten Stuttgart allein die verrufene Reinsburgstraße hoch zu gehen, um gegen die Taschenuhr meines Vaters etwas zu ergattern, ist mir heute unbegreiflich. Die Straße war menschenleer, außer mir ging dort keine Menschenseele. Vor dem angegebenen Gebäude lungerten drei zwielichtige Gestalten herum und jagten mir nun doch gehörige Angst ein. Ich ergriff die nächste Gelegenheit, um über eine der vielen Stuttgarter Staffeln wieder in belebtere Straßen zu kommen. Damit war meine Lust auf Tauschgeschäfte erloschen.

Da mein Vater aus Bayern stammte, dachte er wohl, dass die bayerischen Bauern besonders freigebig wären. Also machten mein Vater, meine Schwester und ich uns zu einer Hamstertour auf in die Gegend von Landshut. Mit dem bayerischen Entgegenkommen war's zu unserem Leidwesen dann doch nicht so großartig. Nicht nur einmal wurde uns die Türe vor der Nase zugeschlagen. Wir durften die etwa 5 Tage unseres Aufenthalts bei selten gesehenen, weitläufigen Verwandten schlafen und hatten insgesamt doch etwa 40 Eier und ein wenig Butter bekommen. Was Vater dagegen gab oder bezahlte, habe ich nicht gesehen. Aber dass wir in München auf dem Bahnhof Ängste ausstanden, ist unvergessen. Wir warteten auf unseren Zug und hüteten unsere Eiertasche. Eine Menge Leute stand herum und hütete ebenfalls Taschen. Da tauchten zwei Polizisten auf und ich bekam Herzklopfen. Vater hatte schon in Landshut dem Busfahrer etwas gegeben, damit er uns mitnahm, obwohl der Bus voll war und noch einige andere Leute mit wollten. Nun hatten wir es geschafft bis München und noch einen weiten Heimweg vor uns, sollte alles umsonst gewesen sein? Würde die Polizei die mühsam erworbenen Eier beschlagnahmen? Zum Glück kam unser Zug und beim allgemeinen Sturm auf einen Sitzplatz gingen die Polizisten in der Menge unter. Allerdings konnten sie immer noch kommen, und die Leute im Zug kontrollieren, das war nicht auszuschließen. Wie froh waren wir, als nach langer Fahrt Stuttgart erreicht war und wir unbehelligt bis Bissingen kamen. Heute denke ich, welch ein Aufwand um ein paar Eier.

MEINE GROSSMUTTER CHRISTINA KATHARINE ZUCKER
Else Frank, Jahrgang 1922

Else Frank war kriegsdienstverpflichtet und arbeitete fünf Jahre bei der Firma Grotz Schicht, 72 Stunden in der Woche. Bei Alarm gingen die meisten Arbeiter und Angestellten in den Bunker im Wiesental.

Ihr Onkel August Frank, der die Ölmühle an der Kreuzstraße in Bissingen betrieb, war Stellvertreter des Bürgermeisters. Bei Kriegsende wurde er von den Franzosen gefangengenommen und nach Großsachsenheim ins Schloss gebracht. Else war beim Roten Kreuz und hat in ihrer Uniform mit dem Fahrrad den Onkel August besucht. Einmal wollte sie ihm eine Flasche Most bringen, aber einer der Besatzungssoldaten kontrollierte sie und probierte, was in der Flasche war. Danach sagte er zu ihr in schlechtem Deutsch, aber unmissverständlich, wenn sie das noch einmal mache, würde sie auch eingesperrt.

Einer der dort inhaftierten Frauen ging es nicht gut. Als die Angehörigen bei den Franzosen um Hilfe baten, bekamen sie zur Antwort: „Egal wann verreck!"

Ihr Onkel war dann anschließend noch einige Zeit auf dem Asperg inhaftiert.

Nach Kriegsende hat Herr Mahl von Untermberg Bissinger Einwohner, meistens Frauen und Kinder, mit seinem Lastwagen in den Wald bei Ochsenbach gefahren, wo es in diesem Jahr jede Menge Bucheckern gab, so als wollte die Natur den Leuten etwas Gutes tun. Die Bucheckern konnte man bei August Frank in seiner Ölmühle abliefern und bekam dann für etwa 7 Pfund Bucheckern einen Liter Öl. Das Sammeln war sehr mühsam durch die Bückerei, weil man jedes einzelne Eckerchen vom Waldboden auflesen musste.

Elses Vater, der Schmied-Frank genannt wurde, war einer der drei Hufbeschlagschmiede, die es in Bissingen gab. Die zwei anderen waren Herr Scherr und Herr Kirn. Diese Männer mussten in der Rommel-Mühle Zweizentnersäcke mit Mehl auf Pferdefuhrwerke laden.

Else berichtet von ihrem Großvater Karl Friedrich Frank, geb. 1854, der in Bissingen Schöffe und Gemeinderat gewesen war, und den der Mühlenbesitzer Carl Rommel, geb. 1828, angewiesen hatte: „Wir haben eine neue Köchin eingestellt, die gut kochen kann, und Geld hat sie auch. Die musst du heiraten, die nimmst!" Sie hieß Christina Katharine Zucker und war aus Kleinsachsenheim. Dort war ihr Vater Bürgermeister. So wurde Christina Frau Frank und die Großmutter von Else.

Legendär in Bissingen ist eine Begebenheit vom Maler Munderich, der in dem Haus beim Cafe Wirth wohnte. Er bekam eines Tages einen Steuerbescheid zum Ausfüllen und schickte ihn zurück mit dem Vermerk, „wie gewonnen, so zerronnen."

Früher trafen sich im Gasthaus Adler in Bissingen jede Woche Leute zum Fischessen. Ein Mann aus der Brückenstraße gesellte sich jedes mal dazu, weil er wusste, dass man ihm auch etwas abgeben würde. Meistens war das ein Kopf und ein Endstück vom Fisch. Einmal sagte er, „I will net bloß Kopf on Schwanz, i will au Ranza!"

Steine für ein ganzes Haus

Heinz Nestele, Jahrgang 1928

Heinz erinnert sich, dass seine Klasse in der Schule einen Aufsatz schreiben musste mit dem Titel „Der Feldzug nach Polen". Woher sollten die Kinder ihr Wissen holen? Natürlich von den Erwachsenen und aus dem Radio. Entsprechenden Inhalts waren die Aufsätze dann auch.

Ab 15. April 1943 hat Heinz bei der Firma AEG in Cannstatt eine Lehre als Werkzeugmacher angefangen. Er fuhr mit dem sogenannten Daimlerzügle, das nur zwei Wagen hatte, täglich nach Cannstatt.

Einmal in der Woche musste er mit dem Zug in die Jobstschule nach Stuttgart fahren, wo er mit seinen Mitschülern dann sehr oft im Luftschutzbunker saß.

Nach einem Angriff auf Stuttgart ging er zu Fuß von Zuffenhausen nach Cannstatt, wo die Lehrwerkstatt in Trümmer lag. Als er ankam, wurde ihm gesagt: „Bub, geh heim und komm in zwei Wochen wieder!"

Vom ersten Tag in der Lehre an war militärischer Haarschnitt Pflicht: 6 cm lang durften die Haare sein, das stand im Lehrvertrag.

Der Vater von Heinz war bei der Technischen Nothilfe, heute heißt das Technisches Hilfswerk. Er hat bei Aufräumungsarbeiten nach Fliegerangriffen in Stuttgart, Heilbronn und verschiedenen anderen Orten geholfen, wo auch Tote geborgen werden mussten.

Die Bissinger Hitlerjugend, also auch Heinz, wurde mit eigenem Arbeitsgerät im Spätsommer 1944 zum Schanzen an den Westwall geschickt. In Kornwestheim wurde der Sammeltransport zusammengestellt. Als Arbeitsgerät nahm Heinz den besten Spaten seines Vaters mit. Verpflegung gab es aus der Gulaschkanone und geschlafen wurde in Scheunen, insgesamt 2 bis 3 Wochen.

Im Winter 1944/45 schickte man Heinz zur Wehrertüchtigung nach Heubach. Von da kam er zum Arbeitsdienst; er war noch nicht ganz 17 Jahre alt. Vom Arbeitsdienst wurden die jungen Männer direkt von der Wehrmacht übernommen.

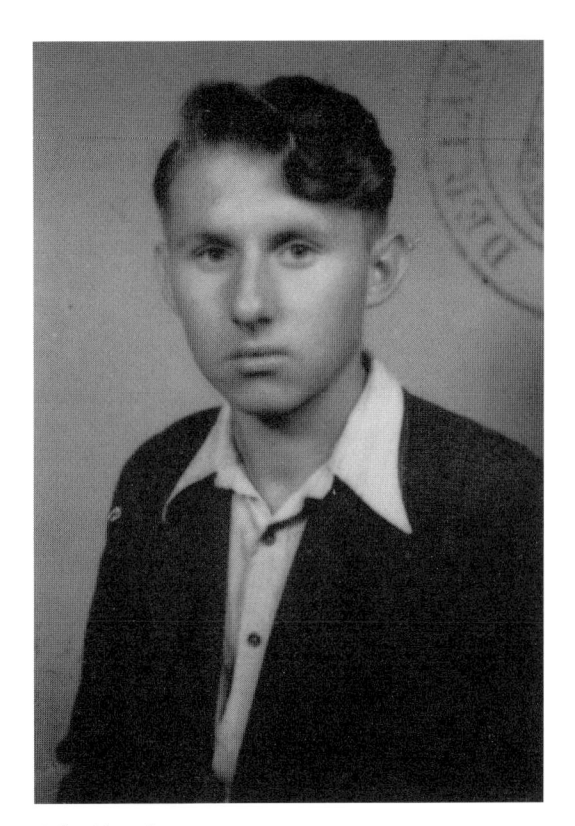

Heinz Nestele.
(Herkunft: Heinz Nestele)

[20] Das „Hasenhäusle" ist das Bahnwärterhaus zwischen Bietigheim und Tamm, an der heutigen Carl-Benz-Straße.

[21] siehe Anmerkung 8, S. 63

Jeder bekam ein Fahrrad, an das eine, allerdings noch nicht scharf gemachte Panzerfaust gebunden wurde. Im Bayerischen Wald kamen amerikanische Panzer in Sicht. Es war eine unmögliche Situation, Fahrrad gegen Panzer. Heinz und seine Kameraden warfen ihre Räder in den Straßengraben und rannten mit ihren Gewehren in den Wald.

Am 3. Mai 1945 kam Heinz in amerikanische Gefangenschaft in ein Sammellager. Im Juli 1945 bekam er in Eisenach seine Entlassungspapiere. Er saß mit Kameraden zwischen Fässern auf einem Güterzug. Unterwegs warfen freigewordene KZ-Leute Steine von Brücken auf jeden, der eine deutsche Uniform trug.

Er kam tatsächlich bis Tamm, wo der Zug zwischen Tamm und Bietigheim auf freier Strecke halten musste, da er in Bietigheim noch keine Einfahrt hatte. Heinz stieg beim Hasenhäusle[20] aus und traf dort Ernst Seifried, der bei der Bahn beschäftigt war und der am Bahnrain Gras mähte, wahrscheinlich für Hasenfutter. Ernst Seifried berichtete den Eltern, dass ihr Sohn gekommen sei und sich in der Holzhandlung[21] auf der Parzelle Bahnhof versteckt hätte, er könne erst bei Nacht heimkommen. Allerdings war ab 10 Uhr abends Sperrstunde, und niemand durfte dann noch auf den Straßen gesehen werden, aber sein Vater hat ihn noch rechtzeitig nach Hause geholt. Seine Eltern wohnten ganz in der Nähe der Holzhandlung.

Im Neckarwerk, wo sein Vater arbeitete, war auch Gottlieb Schweizer aus Ingersheim beschäftigt. Heinz machte sich nach zwei Tagen mit seinem Vater auf den Weg nach Ingersheim, zu Fuß am Wald entlang. Familie Schweizer nahm ihn auf, bis Bietigheim und Bissingen amerikanisch besetzt war.

Ab 1947 hat Heinz in Lauffen bei der Firma AEG gearbeitet, wohin die Firma ausgelagert worden war. Als Heimkehrer bekam er von der Firma Muckler 10 Zigarren und von der Weinbaugenossenschaft Lauffen 10 Flaschen Wein. Er hat in der Woche 40 RM verdient.

1946 im Sommer hat er seine spätere Frau Ida kennengelernt, eine Vertriebene aus dem Riesengebirge. Das meiste seines Verdienstes hat er für Zement ausgegeben, um zusammen mit seiner Frau aus diesem Zement und Schlacken vom Neckarwerk Steine zu machen für ein ganzes Haus.

Gefährliche Kinderspiele

Dieter Hein, Jahrgang 1937

Nach dem Krieg habe ich zusammen mit anderen Buben Infanteriemunition zusammengetragen, was wir halt so finden konnten. Einzeln haben wir sie in einen Schraubstock gespannt und die Spitze entfernt, um an das Schwarzpulver zu kommen. Das Pulver haben wir Kinder dann gesammelt. Einen Teil haben wir in einer Blechdose deponiert. Beim Schuppen neben der Bissinger Bank[22] haben wir das angezündet, und es gab eine Stichflamme bis zu den alten Holzbalken. Zum Glück ist kein Brand ausgebrochen, was bei dem trockenen Holz leicht hätte geschehen können.

Einen anderen Teil des Pulvers streuten wir hinter der Bissinger Bank in einer Schlangenlinie auf den Boden, was natürlich gut aussah, als es abbrannte.

Einmal fanden wir Geschützmunition, die wir hinten öffneten. Ein weißes Pulver kam heraus, und dann warfen wir dieses Ding so lange gegen die Friedhofsmauer bis es knallte.

Leuchtspurmunition erkannte man am unteren Ende. Sie war anders gekennzeichnet. Da sie aus Kupfer und relativ weich war, stampften die Buben unter uns, die „Eisele" an den Schuhen hatten, darauf herum, bis es zischte. Diese „Eisele" waren an den Schuhsohlen an Spitze und manchmal auch am Absatz festgemacht, um die Lebensdauer der Schuhe zu verlängern.

In einem verlassenen Bunker beim Löchlesbrunnen, heute Gebiet Hohbrunnen, fanden andere Kinder ein noch sehr gut erhaltenes Scherenfernrohr. Sie zertrümmerten das gute Stück, weil sie an die Linsen kommen wollten, die sich bestens als Brenngläser verwenden ließen. Ein Wunder, dass von uns Kindern keines zu Schaden kam.

[22] Dort steht heute die „Litz-Flößerstube".

Überraschende Begegnung mit Theodor Heuss

Isolde Gentner (geb. Ehrmann), Jahrgang 1925

Isoldes Vater war Lehrer in Bissingen. Die Familie wohnte im zweiten Stock des alten Schulhauses (Ludwig-Heyd-Schule) gegenüber von Rektor Straub. Hier ging sie auch ab 1934 zur Schule.

Ehrmanns Katze hat immer mal wieder vor den Türen der Klassenzimmer ihre Notdurft verrichtet. Ihrer Mutter war das sehr peinlich, aber der Schuldiener sagte: „A bissle Asche drauf, no trickelts (trocknets)." Zum Baden ging man in die Schillerschule, weil bei den Wohnungen in der Heydschule kein Badezimmer vorhanden war.

1936 kam sie in die Oberschule für Mädchen in der Mathildenstraße in Ludwigsburg. Hier waren die Fenster so morsch, dass die Kinder nicht hinausgucken durften, es war zu gefährlich.

1942 musste sie während der Schulzeit und in den Ferien elf Wochen beim Ernteein-

Isolde Ehrmann (rechts mit Lederhose) und Rosemarie Nöscher 1936.
(Herkunft: Rosemarie Gerst)

satz helfen. 1943 wurde sie von dort noch einmal für 7 Wochen angefordert. Nach dem Abitur 1944 kam sie bis zum 5. Nov. 1944 zum Arbeitsdienst nach Großdeinbach bei Schwäbisch Gmünd. Vom 6. Nov. 1944 bis 26. März 1945 war sie bei der Firma Mahr in Esslingen im Kriegshilfsdienst. Als sie dort entlassen wurde, packte sie eine Kiste mit ihren Habseligkeiten und spannte sie auf den Gepäckträger ihres Fahrrads. Die Kiste ließ ihr keinen Platz auf dem Sattel, sodass sie von Esslingen bis Bissingen immer in den Pedalen stehend fahren musste. Und sie fuhr bei Nacht.

Während der Beschusszeit von Bissingen saß sie mit ihrer Familie und Frau Müller im Schulhauskeller. Ihre Mutter kochte damals in der Waschküche. Wenn kein Holz da war, musste sie manchmal trockene Grashalme zum Feuer machen sammeln.

Nach der Besetzung Bissingens gab Isolde zunächst auf dem Bissinger Rathaus Lebensmittelkarten aus. Dann half sie beim Wiederaufbau der Technischen Hochschule, Keplerstraße 19, in Stuttgart: Beschädigte Kamine mussten abgerissen werden und Schutt war zu beseitigen. Einmal erhielt sie die Anweisung, in einem Büro die Fenster auszuhängen. Sie mühte sich gerade nach Kräften, da erklang plötzlich von hinten eine Männerstimme: „Fräulein, was machen sie auf meinem Schreibtisch?" Es war Theodor Heuss. Sie erklärte ihm die Situation und er half ihr dann dabei, das Fenster auszuhängen.

1946 begann Isolde mit einem Kunsterzieherstudium in Stuttgart am Weißenhof, wo sie am 7. Juli 1949 ihr Staatsexamen bestand. Bis 1985 war sie als Kunsterzieherin in Marbach tätig.

Die Ludwig-Heyd-Schule.
(Aufnahme ca. 70er Jahre.
Herkunft: Stadtarchiv Bietigheim-Bissingen)

Schuhe von Fräulein Struck
Hilde Mezger, Jahrgang 1922

Fräulein Struck wohnte damals im Hause Häcker im Obergeschoss, gegenüber der Firma Grotz. Sie war bekannt für ihre wunderbaren Schuhe mit Keilabsatz, die sie aus mitgebrachten Materialien ihrer Kundschaft fertigte. Diese passten stets perfekt und waren finanziell absolut erschwinglich. Eine Freundin von mir bekam einmal einen Bezugschein für ein paar Arbeitsschuhe. Dafür erhielt sie Holzpantinen wie sie von Holland bekannt waren. Um so mehr schätzte ich die Arbeit von Fräulein Struck. Ich brachte ihr einen stabilen weißen Stoff und bat sie, mir Schuhe anzufertigen. Nach einer gewissen Wartezeit, Fräulein Struck hatte viel zu tun, waren meine ersehnten Wunderwerke fertig. Sie passten und sahen gut aus, nur der Keil aus Holz war für mich etwas hoch und ungewohnt.

Na ja, dachte ich, dafür sind sie umwerfend schick.

Nach dem Krieg meldeten sich unsere Verwandten aus Amerika wieder. Sie meinten es recht gut mit uns und werteten unsere Mahlzeiten hin und wieder auf. Sogar Schokolade gab es ab und zu. Die Pakete wurden immer nach Heilbronn zu meiner Großmutter geschickt, die dann alles an ihre Kinder und Enkelkinder gerecht verteilte.

Wieder einmal kam ein Paket aus Übersee nach Heilbronn, und es war kaum zu fassen, ich bekam ein weißes Spitzenkleid, das so gut passte, als wäre es für mich gemacht worden. Nun hatte ich ein wunderschönes Kleid, die dazu passenden Schuhe und eine Riesenfreude an meinem neuen Besitz. Es war ein angenehmes Gefühl, als ich beides zum ersten mal trug. Ich bin sicher, dass mir bewundernde und vielleicht auch neiderfüllte Blicke folgten. Auf dem Weg zu einem Treffen mit Freundinnen passierte es dann, ich knickte mit meinem rechten Fuß plötzlich um und lag am Boden. Die Keilsohlen waren anscheinend doch etwas zu hoch für mich.

In englischer Kriegsgefangenschaft
Alfred Klein, Jahrgang 1925

Mit 17 Jahren kam Alfred Klein zum Arbeitsdienst und mit 18 Jahren meldete er sich freiwillig zum Militär. Als angehender Eisenbahner hatte er morsen gelernt und wurde deshalb gleich der Luftwaffe zugeteilt und als Bordfunker ausgebildet.

Im November 1944 geriet er in Reichswalde bei Kleve in englische Kriegsgefangenschaft und kam dann in ein Lager in Holland, wo ca. 15.000 Soldaten interniert waren. 1945 gings im Geleitzug von Ostende nach Southampton in England. Bei der Fahrt hatte man Angst vor deutschen U-Booten. Doch alles ging gut. Auf den Tennisplätzen von Wimbledon wurden Sammeltransporte zusammengestellt und weiter transportiert bis an die nörd-

Alfred Klein in Luftwaffenuniform.
(Herkunft: Alfred Klein)

Der "Musikverein Bahnhof Bietigheim", aufgenommen 1955 vor dem Bietigheimer Marktbrunnen.
(Herkunft: Alfred Klein)

lichste Spitze von Schottland in Thurso. Im dortigen Lager wurde Alfred wegen seiner Parteizugehörigkeit interniert und war völlig isoliert. Etwa 1946 kam er in ein Arbeitslager zwischen Glasgow und Edinburgh, 1947/48 dann in ein Arbeitslager bei Blackpool. Er war froh, dass er dort bei Bauern arbeiten konnte. 1948 wurde er in ein Entlassungslager nach Swindon bei London verlegt. Dort traf er August Schrempf aus Bissingen. Die Freude war groß. August reiste noch am selben Tag zur Entlassung ab, im Januar oder Februar 1948. Alfred wurde im April 1948 entlassen. Von Swindon gings nach Ipswich an der Ostküste, von wo er mit einem Transportschiff nach Holland kam. Dann gings weiter mit dem Zug bis Heilbronn, von wo er Georg Ackermann anrief, der beim Bietigheimer Bahnhof beschäftigt war und den er gut kannte.

Er erzählte ihm, dass er aus der Kriegsgefangenschaft komme und sein Zug auf der Fahrt von Heilbronn nach Stuttgart an Bietigheim vorbei fahre und bat ihn, ob der Zug nicht ganz kurz zum aussteigen angehalten werden könnte. Es klappte, und nachdem Herr Ackermann Alfreds Eltern alles berichtet hatte, wurde er von seiner ganzen Familie, sozusagen mit großem Bahnhof, in Bietigheim abgeholt. Später war er Vorsitzender vom Musikverein Bahnhof, in dem alle Mitglieder Eisenbahner waren. Dann folgte der Zusammenschluss mit der Stadtkapelle Bietigheim. Sie waren dort sehr willkommen, da sie bei den Waldfesten der Parzelle Bahnhof in Bissingen stets gute Einnahmen verbuchen konnten. Aus dieser Verbindung entstand das Stadtorchester Bietigheim.

Die Schlacht von Mundelsheim

Die Handballabteilung der Sportvereinigung Bissingen war nach dem Krieg schon ab 1945 wieder aktiv. Gespielt wurde zum Beispiel gegen Hessigheim, Metterzimmern, Hoheneck, Vaihingen/Enz, Eglosheim, Mundelsheim, Kornwestheim und andere.

Einige der früheren Spieler kamen nicht mehr vom Krieg zurück und andere begeisterten sich für's Handballspielen, so dass es wieder eine Mannschaft gab.

Mit viel Begeisterung wurde in der Kreis- und in der Bezirksklasse gespielt.

Sonntags fanden die Spiele statt und das gewonnene oder verlorene Spiel wurde bis Mittwoch kritisiert und durchgekaut. Man überlegte, was man besser oder anders hätte machen müssen. Ab Mittwoch aber war das Spiel am kommenden Sonntag in Sicht. Die Sporthose und das Trikot waren frisch gewaschen und alle wieder voll guter Vorsätze.

So ein Verein hatte natürlich Freunde und Fans, die ihre Mannschaft begleiteten und sie durch lautstarke und aufmunternde Zurufe unterstützten.

Der Bissinger Albert Maier hatte einen Lastwagen, einen sogenannten Holzvergaser. Auf der Ladefläche hatte er die Mannschaft und ihren Anhang zu den Spielen transportiert und das bei jedem Wetter. Weil sonntags eigentlich kein Lastwagen fahren durfte, wurden auch noch Stühle und ein altes Sofa aufgeladen. So lief das ganze unter Möbeltransport ... und es gab nebenbei auch noch Sitzgelegenheiten.

Zuschauer in der Nachkriegszeit bei einem Handballspiel auf dem alten Sportplatz beim Bruchwald.
(Herkunft: Rosemarie Gerst)

Am Sonntagabend nach dem Spiel trafen sich alle im damaligen Gasthaus Adler in Bissingen. Die Mädchen der Damenmannschaft, Freunde und Freundinnen kamen auch und es wurde Klavier und Akkordeon gespielt, gesungen und getanzt nach altbekannten Melodien. Beim nach Hause gehen freute man sich schon auf den nächsten Sonntag.

Die Lokalspiele der näheren Umgebung waren oft etwas stressig, die Emotionen gingen rasch hoch. In Metterzimmern zum Beispiel standen am Spielfeldrand oft ältere Frauen, die bekannt waren für ihr Engagement

*Bei einem Handballspiel ca. 1946/47 in Sulzbach/Murr: der Lastwagen mit Holzvergaser von Albert Maier (vorne links stehend) mit den Handballspielern und ihren Freunden auf der Ladefläche.
(Herkunft: Berta Scheuffele)*

für ihre Mannschaft. Sie wurden fast mehr gefürchtet als die Mannschaft selbst.

Ein Spiel gegen Mundelsheim hat einer der damaligen Spieler, Rudolf G., unter dem Titel „Die Schlacht von Mundelsheim 17. 11. 1946" in Gedichtform wiedergegeben:

Mundelsheim, Neckarstrand
Handballspieler, flink, gewandt,
kämpfen sehr um Sieg und Ehr.
Anfang schlecht,
für Mundelsheim recht.
Für Bissingen mies, wie kommt dies?
Mundelsheim vor, schießt ein Tor!
Werner dumm, streitet rum.
Schiedsrichter, was macht der?
Stellt oh Graus, Werner raus!
Nur 10 Mann, was kommt dann?
Mundelsheim vor, schießt ein Tor.
Vier zu noll, das ist toll!
Publikum juchzt, was uns fuchst.
Jetzt geht's los, ganz famos.
Bissingen vor, schießt Tor um Tor.

*Das Gasthaus "Adler" an der Ecke Hauptstraße (heute Jahnstraße) und Brückenstraße um 1910.
(Aufnahme: Postkartenverlag Beuter, Stuttgart, Herkunft: Stadtarchiv Bietigheim-Bissingen)*

Spielbericht zur "Schlacht von Mundelsheim" am 17. 11. 1946 aus den Unterlagen der Sportvereinigung Bissingen.

Vier zu vier, das hätten wir.
Halbzeit zu Ende, nun kommt die Wende.
Mundelsheim vor, schießt ein Tor.
Fünf zu vier, was tun wir?
Pongo spricht, man glaubt es nicht,
Herr Schiedsrichter, sie Nachtwächter!
Welch ein Graus, Pongo raus.
Was fangen wir an mit 9 Mann?
Wir kämpfen sehr um Sieg und Ehr.
Einsatz groß, Kampf famos,
Bissingen vor, schießt ein Tor.
Fünf zu fünf, wer hat mehr Trümpf?
Publikum schreit wie nicht gescheit.
Mundelsheim schwach, lässt sehr nach.
Kurz vor Schluss, welch Genuss,
Bissingen vor, schießt ein Tor.
Welche Pein für Mundelsheim.
Ein Hochgenuss, noch ein Schuss
von Eberhard, gar nicht zart.
Mundelsheim schäumt, alles ausgeträumt.
So'ne Wut tut nicht gut.
Tumult entsteht und es geht.
Auf die Bissinger Spieler los.
Manne in der Unterhos.
Rennt kreuz und quer, hin und her,
kommt an diesem Tag, aber nicht zum Schlag.
Paul nicht faul, schlägt Fink auf's Maul.
Fink oho, wankt ko,
völlig bleich, Knie weich,
zur Scheunenwand, macht – welche Schand
dort ganz blass die Hose nass!
Die Schlacht geht heiter immer weiter.
Hieb und Schlag, welch ein Tag.
Ein Bissinger Papa, oh, aha,
hilft dem Sohn, hat ihn schon
soweit auch befreit.

Doch auch er hat Malheur,
Stock auf's Hirn, es schwillt die Stirn,
und der Mund ist ganz wund.
Augenglas wie leicht bricht das,
ach wie bitter, ganz in Splitter.
Aus der Kampf, Albert macht Dampf.
Alle Mann zieh'n sich an.
Wir besteigen den Wagen
und sind als Sieger geschlagen.

Von links nach rechts: Handballspieler Walter Barth, genannt "Pongo", Lotte Schmid, Irmgard Konrad, Frau Barth.
(Herkunft: Lotte Schmid)

Nord

rpfad

Enz

wiesen

Brandhalde

ob

Karlstrasse

Hühneracker

Karl-Str.

Bahnhof

andhalde

Eisenbahn Str.

am Wohbach

Bahnhofstrasse

ndhalde

mer Pfad

Westheimer Wiesen

Eisenbahn

Morgen

Gefertigt